CONSERVAÇÃO DA NATUREZA

José Flávio Machado Leão

Marcelo Machado Leão

CONSERVAÇÃO DA NATUREZA

FEALQ

Organização: José Flávio Machado Leão
Marcelo Machado Leão

Pesquisa e edição de texto: Regina Machado Leão

Projeto gráfico e editoração eletrônica: Maria Leão G. de Moraes

Foto capa: Paulo Altafin

Revisão: Rafael Varela

Tiragem: 1.500 exemplares

Texto conforme as regras do Novo Acordo Ortográfico da Língua Portuguesa
(Decreto n° 6.583, de 29/9/2008)

Av. Centenário, 1080
13416-000 Piracicaba, SP, Brasil
Fone: 19-3417-6609
Fax: 19-3422-2755
livros@fealq.org.br
fealq.org.br

Impresso no Brasil pela Loyola em papel Reciclato

FSC
www.fsc.org
MISTO
Papel produzido a partir de fontes responsáveis
FSC® C008008

Dados Internacionais de Catalogação na Publicação
DIVISÃO DE BIBLIOTECA - ESALQ/USP

Leão, José Flávio Machado
Conservação da Natureza / José Flávio Machado Leão e Marcelo Machado Leão. - - Piracicaba: FEALQ, 2013.
176 p. : il.

Bibliografia.
ISBN: 978-85-910420-0-5

1. Biosfera 2. Impactos ambientais 3. Legislação ambiental 4. Meio Ambiente - Influência do Homem 5. Poluição ambiental 6. Proteção ambiental 7. Recursos naturais 8. Sustentabilidade I. Leão, M. M. II. Título

CDD 333.72
L433c

Este livro é dedicado a todas as pessoas que trabalham pelo desenvolvimento sustentável, procurando deixar um mundo melhor para as gerações futuras

*O homem moderno não experiencia a si mesmo como uma parte da natureza, mas como uma força exterior destinada a dominá-la e a conquistá-la. Ele fala mesmo de uma batalha contra a natureza, esquecendo que, se ganhá-la, estará do lado perdedor**.

* E. F. Schumacher, economista inglês, em 1973.

Sumário

Apresentação

Quando se pensa em conservação ambiental, necessariamente se deve pensar em educação. Vivemos em um mundo superpovoado, com distribuição desigual de recursos naturais e materiais, no qual satisfazer as necessidades das pessoas deixou de ser uma tarefa trivial. Nesse cenário, o aprendizado, desde sempre o grande vetor de nosso processo civilizatório, ganha especial relevância, para darmos conta de desafios maiores e urgentes.

Conhecer e reforçar a relação entre os seres vivos e o ambiente que os cerca deve ser entendido como parte fundamental da educação básica de todos os indivíduos. Inúmeras vezes, o entendimento da interdependência é relegado ou perde-se no tempo, sobreposto pela escassez, seja de conhecimento, seja de alternativas para a subsistência. A partir desse ponto, já colecionamos exemplos de sociedades que entraram em colapso e desapareceram.

A extraordinária evolução das tecnologias de comunicação e de transporte, que impulsionaram a globalização econômica, criou um mundo de fronteiras tênues, que não conseguem conter os movimentos financeiros, as mudanças climáticas e tampouco as migrações populacionais. O grande desafio do nosso tempo tem sido, portanto, evoluir para um modelo de desenvolvimento que continue a gerar riqueza, a distribua de forma justa e permita assegurar às gerações futuras o acesso aos recursos naturais. Um modelo que convencionamos chamar de sustentável.

Diante disso, podemos ter a dimensão de o quanto é vital disseminar, ampliar e aprofundar o conceito de conservação. E a chave é o conhecimento. É preciso aliar ciência e consciência, facilitar o acesso a todas as informações disponíveis para incorporar a dimensão ambiental e embasar as decisões.

No Brasil, vivemos uma realidade contraditória em relação à conservação dos recursos naturais, dado o baixo nível de educação ambiental da população, que, por muitas vezes, não consegue associar a importância desses recursos à própria qualidade de vida. Ao mesmo tempo em que avançamos, nos últimos 30 anos, na ampliação do entendimento da população – especialmente das novas gerações –, ainda temos muito a caminhar na distribuição equilibrada de uma educação de qualidade, inclusive do ponto de vista ambiental. Para completar, nosso inegável privilegiado acesso aos recursos por muitas vezes reforça a falsa impressão de que são inesgotáveis.

Nesse contexto, este livro é uma importante contribuição para formar consciência. Oferece as noções básicas sobre os processos naturais e sua interação com as atividades humanas e ainda pega o leitor pela mão e lhe apresenta com clareza e simplicidade a terminologia normalmente utilizada nesse campo. Pretende, enfim, facilitar e abrir as portas do conhecimento a todas as pessoas, estimulando-as a pensar em novas soluções e a agir positivamente.

PEDRO LUIZ BARREIROS PASSOS
Copresidente do Conselho de Administração da Natura Cosméticos

Introdução

Se a nossa geração não mudar, nossos filhos podem não ter a opção de fazê-lo[1].

Os recursos naturais compreendem o solo, a água, o ar, a vegetação e a fauna, sem os quais seria impossível a sobrevivência na Terra. Quando utilizados de forma adequada pelo homem, esses bens podem ser praticamente inesgotáveis. Caso contrário, degradam-se e até se perdem para sempre. Sua recuperação, normalmente, exige ações complexas que, quase sempre, envolvem custos muito elevados.

O desenvolvimento da humanidade depende do equilíbrio dos recursos naturais com suas formas de exploração. É fundamental agir sempre em harmonia com a natureza, observando as leis que regem este universo. Dessa forma, esse rico patrimônio deve ser usado com critério, para favorecer o maior número de pessoas pelo maior tempo possível. Infelizmente, não é isso que vem acontecendo, pois com ambição e ignorância, o homem está gradualmente destruindo o ambiente, essencial para sua existência.

Além do crescimento da população humana na Terra, que aumenta a pressão sobre os recursos naturais, é preocupante a forma com que normalmente esses recursos são administrados. A devastação florestal tem sido de tal magnitude e a poluição

[1] *Worldwatch Institute*, organização de pesquisa independente, fundada em 1974, atua em vários países e defende um mundo sustentável.

dos mananciais de água tão intensa que se pode questionar a possibilidade de suas renovações para as gerações futuras.

Por outro lado, as estimativas de expansão da população indicam que ela pode dobrar nos próximos anos. Apesar de muitos países desenvolvidos apresentarem até crescimento negativo, o número de habitantes das nações mais pobres ainda está em plena expansão. Tal situação exige que se atinja o limite de sustentabilidade[2] para a espécie humana, pelo menos no atual nível de desenvolvimento tecnológico.

Muitas consequências negativas das constantes agressões ao ambiente já estão sendo observadas em diversos pontos da Terra: a degradação do solo, a extinção de espécies, as mudanças climáticas – com a elevação das temperaturas –, o aparecimento de novas doenças e epidemias, o aumento da fome e subnutrição, e o agravamento do estresse e das doenças psicológicas, entre outras.

Por isso, as primeiras décadas do atual milênio serão decisivas para o destino da humanidade. A questão que se coloca é se o homem conseguirá resolver, com as novas tecnologias e o conhecimento científico acumulado ao longo do tempo, os sérios problemas do mundo moderno, que incluem o crescimento demográfico descontrolado e a emissão de poluentes, principalmente aqueles que causam o efeito estufa, e contribuem para aumentar o aquecimento global.

Esses fatores, que podem até ameaçar a sobrevivência da atual geração e das que virão, exigem, de cada um, novos posicionamentos e ações efetivas em favor do planeta.

OS DIREITOS DA HUMANIDADE CESSAM NO MOMENTO EM QUE SEU EXERCÍCIO PÕE EM RISCO A EXISTÊNCIA DE OUTRAS ESPÉCIES

Claude Lévi-Strauss (1908-2009), antropólogo, professor e filósofo francês.

[2] Sustentabilidade: garantia da continuidade de um processo nos mesmos patamares de seu início. O desenvolvimento sustentável é aquele capaz de suprir as necessidades da atual geração, sem comprometer a capacidade de atender às necessidades daquelas que virão depois.

Capítulo I

O universo e o mundo em que vivemos

O que é na verdade mais belo que o céu, que, certamente, contém todos os atributos da beleza[1]?

Na página oposta, imagem cedida pela NASA de uma galáxia denominada M81, uma das mais brilhantes que se pode enxergar da Terra, similar à Via Láctea, devido a seu formato em espiral

Um grão de poeira no universo. Assim é a Terra, o planeta em que vivemos. E, por menor que ele seja, ainda é o nosso único lar, tão frágil e hospitaleiro. Sua formação iniciou-se muito tempo atrás; há 13,7 bilhões de anos, aproximadamente.

A teoria mais aceita é a de que o universo, sempre em permanente expansão, esteve totalmente coeso, condensado em um pequeno ponto, muito denso e quente. Em determinado momento, teria havido uma grande explosão – o *Big Bang* –, fazendo a matéria e a energia expandirem-se em todas as direções, e desencadeando vários eventos observados atualmente na escala cósmica[2].

A força de atração que os corpos exercem entre si, chamada gravitacional, fez com que as nuvens de poeira e gás se

---

[1] Nicolau Copérnico, astrônomo polonês, em *As revoluções das órbitas celestes*, 1543.

[2] Em 1927, George Lamaître formulou a teoria do *Big Bang*, confirmada dois anos depois por Edwin Hubble, com a demonstração de que o universo ainda estava se expandindo, ao medir a distância entre a Terra e as galáxias vizinhas. Para comprovar essa teoria, foi instalado na fronteira da França e da Suíça um avançado experimento científico – um acelerador de partículas subterrâneo, dentro de um túnel blindado, com um anel de 27 quilômetros de circunferência – para estudar as partículas elementares da matéria (como os léptons e os quarks, que constituem os átomos). O experimento, iniciado em setembro de 2008, terá duração de quinze anos, e deverá trazer novos conhecimentos sobre a formação do universo.

O sistema solar compõe-se de uma estrela, o Sol, e de oito planetas com suas luas e anéis, além de planetas anões, asteroides e cometas

transformassem nas primeiras estrelas. Uma delas tem grande importância em nossas vidas: o Sol – formado na chamada Via Láctea[3], a partir de uma nuvem gasosa. A seguir, surgiram os planetas que passaram a gravitar em torno do Sol: Mercúrio, Vênus, Terra, Marte, Júpiter, Saturno, Urano e Netuno, seus satélites, e os asteroides[4]. Alguns deles são rochosos, como a Terra; enquanto Júpiter, por exemplo, é gasoso.

Quase todo esse sistema parece ser totalmente vazio, mas, na verdade, esse espaço inclui diversas formas de energia e pelo menos dois componentes materiais: a poeira e o gás interplanetários.

O Sol é a mais rica fonte de energia (a maior parte na forma de calor e luz) e contém 99,85% de toda a matéria do sistema solar. Com essa energia, mantém o equilíbrio térmico da Terra, evaporando a água, estabelecendo os ciclos hidrológicos e possibilitando a ocorrência do processo de fotossíntese nas plantas. Essas condições não acontecem nos outros planetas. Enquanto aqueles situados mais próximos ao Sol, ao receber

[3] A Via Láctea, que abriga o sistema solar, é um grande aglomerado de estrelas em forma de espiral. O nome foi dado pelos povos antigos por lembrar um caminho esbranquiçado como o leite observado no céu.

[4] Em 2006, especialistas da União Astronômica Internacional (IAU, na sigla em inglês) definiram que Plutão, antes considerado um planeta, não se incluía mais nessa categoria, e passou a ser classificado como planeta "anão".

os raios solares, apresentam temperaturas muito altas, os mais afastados são extremamente frios.

Em 2007, os astrônomos descobriram um planeta fora do sistema solar, classificado como Gliese 581c, onde talvez existisse água líquida, elemento essencial para o desenvolvimento da vida[5]. Ainda que pudesse ser habitável, está a uma distância de 20,5 anos-luz do Sol, ou seja, impossível de ser alcançada pelo homem nos dias atuais. Isso indica que, pelo menos até o momento, a Terra ainda é a única moradia possível para os seres humanos, o único planeta do sistema solar com condições de abrigar vida na forma conhecida.

A Terra: o planeta água

A Terra é o primeiro planeta, a partir do Sol, que possui um satélite natural, a Lua. Sua distância do Sol (150 milhões de quilômetros) permite a existência de uma atmosfera rica em oxigênio e de grandes quantidades de água.

Calcula-se que a Terra tenha se formado entre 4,5 a 4,6 bilhões de anos atrás[6]. Inicialmente, o planeta era uma espécie de enorme bola de fogo, em constante ebulição e movimento, cortado por tempestades elétricas esterilizantes, que emitia grande quantidade de gases. A temperatura na superfície podia chegar a 1 000ºC. Lentamente, porém, esfriou até se transformar na cobertura rochosa hoje conhecida.

Nessas condições, o vapor d'água pôde se condensar, formando nuvens. Chuvas torrenciais caíram, então, sobre o planeta, to-

Saiba mais

A existência de água em Marte foi recentemente confirmada pela análise das amostras coletadas pela sonda espacial norte-americana *Phoenix*. Desde maio de 2008, os cientistas da NASA *(National Aeronautics and Space Administration)* investigam as características de materiais existentes no chamado planeta vermelho, procurando condições propícias para o desenvolvimento da vida e respostas para algumas questões, como a mudança climática.

[5] Em novembro de 2008, um foguete lançado pela Nasa, a agência espacial norte-americana, arremessou a sonda Lcross para se chocar com a Lua, revelando existir grande quantidade de água no satélite terrestre. Essa constatação deve proporcionar uma valiosa fonte de estudos sobre a origem e a formação do sistema solar. Pode também ser de utilidade inestimável para futuras missões tripuladas à Lua, onde se pretende montar uma base permanente, objetivando uma expedição a Marte (Fonte: Revista *Veja*, 18/11/2009, p.123).

[6] Os cálculos para a determinação da idade da Terra são feitos a partir de análises das rochas radioativas encontradas na sua crosta. As amostras mais antigas encontradas até hoje, na Groenlândia, datam de 3,8 bilhões de anos. Além disso, com base em análises de meteoritos que caíram no planeta, concluiu-se que eles datam de 4,5 a 4,6 bilhões de anos. Acredita-se ser a época em que se formaram os primeiros corpos sólidos do sistema solar.

A Terra é chamada de "planeta azul" em virtude da sua coloração, quando observada do espaço

mando diferentes caminhos: as águas infiltraram-se no solo, formando depósitos subterrâneos; aquelas vindas dos locais mais altos escorreram violentamente, provocando depressões no terreno e enchendo as partes mais baixas, originando os oceanos, os rios e os lagos. Inundaram, também, várias depressões existentes em torno das massas rochosas.

A evolução desse processo amenizou as temperaturas da Terra. A atmosfera se tornou mais transparente e menos venenosa, possibilitou a passagem da radiação solar e criou, assim, as condições necessárias para o aparecimento das diferentes formas de vida no planeta.

Até hoje, não se conseguiram informações diretas sobre o que existe no interior do planeta, pois a perfuração mais profunda, realizada na década de 1980, na antiga União Soviética, alcançou apenas catorze quilômetros de profundidade. É uma distância muito pequena em relação ao raio terrestre. Para estudar melhor o centro da Terra, os cientistas utilizam as ondas sísmicas, produzidas pelos terremotos[7].

Saiba mais

"A Terra é azul!", exclamou o astronauta soviético Yuri Gagarin (1934-1968), o primeiro homem a orbitar ao seu redor, em abril de 1961, contemplando do espaço o planeta, com sua enorme superfície coberta de água, que reflete a luz da atmosfera.

[7] As observações indiretas do interior da Terra são obtidas por meio da análise dos tremores, cujas ondas, chamadas sísmicas, propagam-se em diferentes direções, sendo que algumas atingem o núcleo do planeta. A intensidade e a velocidade dessas ondas são registradas por sismógrafos, mostrando o tempo que elas levam para se deslocar do hipocentro até os locais em que essas ondas sísmicas se manifestam na superfície terrestre. Fonte: Debora Sales. A estrutura interna da Terra. *In:* http://profdebora2010.blogspot.com.br/2010/02/1-ano-estrutura-interna-da-terra.html. Acesso: 15/1/2013.

Com os conhecimentos obtidos, sabe-se que a Terra se constitui de três camadas principais: crosta, manto e núcleo. Cada camada possui diferente composição e estado físico, e são separadas pelas "descontinuidades" (zonas de transição), que levam o nome dos cientistas que as descreveram: Mohorovicic[8] e Gutenberg[9].

As três principais camadas da Terra: a crosta, o manto e o núcleo

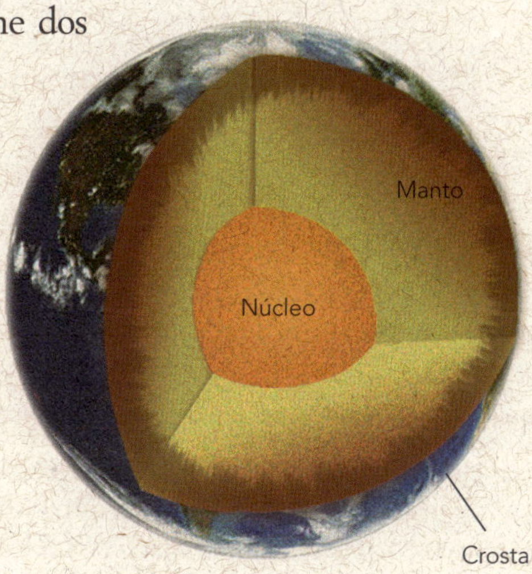

A camada externa é a *crosta*, cuja espessura varia de sete a 35 quilômetros, ao longo de uma seção formada por granito nos continentes, e por basalto sob os oceanos; o *manto* é a porção intermediária e a mais volumosa (80%) de todas, supostamente formada por uma rocha chamada peridotito. Finalmente, há o *núcleo*, que corresponde a cerca de um terço da massa do planeta, composto, principalmente, por gases superaquecidos e elementos metálicos, como o ferro e o níquel. Esta última é a camada mais aquecida, com mais de 4 000°C, quase tão quente como a superfície do Sol.

Atmosfera

A Terra é envolta por diferentes camadas de gases, compondo a *atmosfera*, que contém os elementos essenciais para a vida, como o oxigênio e o gás carbônico. Suas principais funções são, basicamente, filtrar as radiações solares prejudiciais e regular a temperatura.

A primeira dessas camadas de gases, que se estende nos dez primeiros quilômetros, a partir da superfície terrestre, denomina-se *troposfera*, e representa 75% da massa total da atmosfera. Nela, ocorrem os principais fenômenos meteorológicos; a temperatura diminui com a altitude, em cerca de 6,5°C por quilômetro.

PODEMOS TER CONFIANÇA QUE A TERRA EM SI VAI CONTINUAR A EXISTIR POR MUITOS MILHÕES OU ATÉ BILHÕES DE ANOS. SÃO, PORÉM, OS HUMANOS QUE ESTÃO EM PERIGO E PODEM SER REDUZIDOS DRASTICAMENTE

James Lovelock, cientista inglês (1919-).

[8] Andrija Mohorovicic (1857-1936), sismólogo nascido próximo a Rijeka (Fiume), Croácia. Descobriu que a massa da Terra não é compacta e que as ondas sísmicas produzidas por terremotos são desviadas em razão de uma descontinuidade na camada exterior do planeta.

[9] Beno Gutenberg (1889-1960), geólogo nascido em Darmstadt, Alemanha. Imigrou para os Estados Unidos em 1930, onde se tornou pesquisador do Instituto de Tecnologia de Califórnia. Desenvolveu parâmetros de medição da intensidade dos terremotos e, em 1913, calculou a profundidade do contato entre as camadas da Terra – manto e núcleo – em 2 900 quilômetros.

Na segunda camada atmosférica – denominada *estratosfera* – também ocorre queda de temperatura, de acordo com o aumento da altitude. A partir de certa altura, porém, estabiliza-se; depois, volta a subir com a altitude. Chega a assumir valores próximos a 0°C, devido a reações químicas, envolvendo moléculas de oxigênio (O_2), átomos de oxigênio (O) e radiação ultravioleta (UV). Nessa camada forma-se a camada de ozônio (O_3) – um filtro atmosférico – que barra a passagem da radiação ultravioleta[10].

Na terceira camada, denominada *mesosfera*, a temperatura volta cair bruscamente, atingindo até -80°C a cerca de oitenta quilômetros de altitude. A partir daí, a atmosfera restante não influencia os fenômenos meteorológicos. A camada superior (*ionosfera*) é carregada eletricamente, devido à incidência elevada de raios solares. Nessa região, onde as pressões são baixíssimas e o ar bastante rarefeito, é difícil determinar o limite da atmosfera. Ainda assim, distinguiram-se outras camadas: a *termosfera* e mais acima a *exosfera*, na qual gravitam os satélites artificiais.

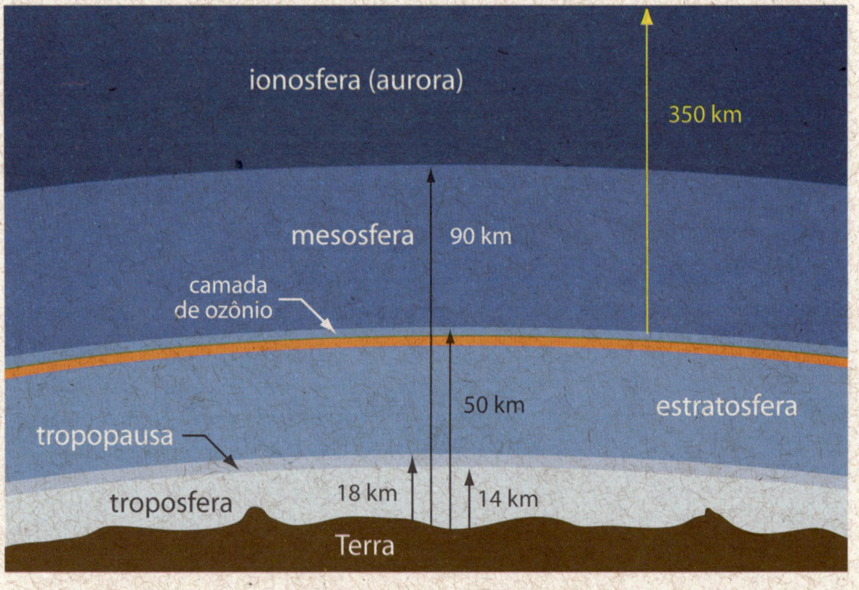

A atmosfera pode ser dividida em camadas, umas sobre as outras, conforme a variação da temperatura com a altitude. A camada mais baixa, que abriga a vida na Terra, é a troposfera

[10]A emissão solar é constituída por radiações com diferentes comprimentos de onda. A radiação ultravioleta representa 9% da energia emitida pelo Sol. O restante é representado pela radiação infravermelha (49%) e pela luz ou radiação visível (42%). Fonte: Portal São Francisco. Disponível em: www.portalsaofrancisco.com.br. Acesso: 18/1/2013.

A teoria Gaia

No início da década de 1970, o cientista inglês James Lovelock (1919-), em parceria com Dian Hitchcock, propôs a teoria Gaia – em homenagem à deusa grega –, a partir de estudos realizados anteriormente para a NASA, a agência aeroespacial norte-americana, com o objetivo de detectar vida em outros planetas, especialmente em Marte.

Segundo essa teoria, a Terra se comporta como um gigantesco ser vivo. À semelhança dos humanos, cujos ferimentos na pele se fecham, regenerando-se pela ação do sangue e das células, o planeta também, quando sofre algum tipo de "ferida" em sua crosta rochosa, recompõe-se, preenchendo-a com o material quente vindo de seu interior, que ao resfriar, também se transforma em rocha.

A água, por sua vez, que ocupa a maior parte da superfície da Terra, também constitui grande parte do corpo humano e mantém sua temperatura média ideal em torno de 36,5°C. Da mesma forma, esse precioso líquido contribui para manter a temperatura média da superfície do planeta em torno de 14,5°C.

Nessas condições, Lovelock observou que as temperaturas do planeta não sofreram grandes modificações nos últimos 3,3 bilhões de anos, e propôs, então, a existência de um sistema cibernético de controle, que compreenderia a biosfera, a hidrosfera, a atmosfera, os solos e parte da crosta terrestre. Tal sistema teria a capacidade de manter propriedades do ambiente, como a composição química e a temperatura, em estados adequados para a vida.

Com essa ideia inovadora – criticada por muitos cientistas – Lovelock chamou a atenção para o fato de que a Terra necessita de cuidados para manter-se saudável, assim como o corpo humano. Além disso, a teoria Gaia contribuiu para a melhor compreensão dos ciclos biogeoquímicos, das relações evolutivas entre os organismos e o ambiente, e até dos estudos sobre o clima global.

A mitológica deusa grega Gaia, que representava a Terra

Saiba mais

De acordo com a mitologia grega, a deusa Gaia (ou Geia) era a Terra, que surgiu logo após o Caos, o mais antigo dos deuses. A Terra veio para sustentar e dar ordem ao mundo.

"E, no entanto, ela se move!"

Desde o século III o astrônomo grego Aristarco de Samos já defendia que o Sol era o centro do sistema solar (teoria heliocêntrica). Isso pôde ser comprovado cientificamente muito mais tarde, com o desenvolvimento dos instrumentos de observação dos fenômenos celestes, como o telescópio. Foi com esse equipamento que, no século XVII, o cientista italiano Galileu Gali-

O italiano Galileu Galilei, considerado o pai da ciência moderna, que comprovou ser o Sol o centro do sistema solar

lei (1564-1642) provou a teoria heliocêntrica, desenvolvida no século anterior por Nicolau Copérnico (1473-1543).

Nessa época, porém, a Igreja católica controlava a produção cultural e científica, e preconizava o geocentrismo, ou seja, que a Terra era o centro do universo, condenando quem defendesse qualquer ideia contrária. Dessa forma, para escapar da morte na fogueira Galileu foi obrigado a rejeitar publicamente a teoria sobre a movimentação da Terra, diante de um tribunal da Inquisição[11] em Roma, que o julgava por heresia, apesar de ele ser um cristão fervoroso.

Existem relatos de que, em 1633, o notável físico, matemático, filósofo e astrônomo italiano, considerado hoje um dos pais da ciência moderna, foi obrigado a negar que a Terra girava em torno do

[11] A Inquisição ou Santa Inquisição foi uma espécie de tribunal religioso criado na Idade Média para julgar quem se colocasse contra os dogmas pregados pela Igreja católica. Fundado pelo Papa Gregório IX, o Tribunal do Santo Ofício da Inquisição condenou à morte na fogueira milhares de pessoas consideradas hereges, por praticarem atos considerados bruxaria, heresia ou, simplesmente, por serem adeptos de outras religiões. O apogeu da Inquisição ocorreu no século XVIII, mas as perseguições foram registradas desde o século XII.

Principais movimentos da Terra

Movimento	O que é	Duração	Velocidade
Rotação	Movimento da Terra em torno de si mesma	23 horas e 33 minutos	1 600 km/hora
Translação	Movimento da Terra em torno do Sol	365 dias, 5 horas, 48 minutos e 46 segundos e meio*	107 320 km/hora
Precessão	Movimento cíclico em que o eixo de rotação terrestre descreve um cone	Completa-se a cada 25 800 anos	
Nutação	Oscilação do eixo terrestre em torno da posição média de sua órbita, causada por alterações cíclicas da órbita lunar	18 anos e 7 meses	

Fonte: Machado; Casadei; Rascalha (2008); www.educacao.uol.com.br

(*) Obs.: Para se corrigir a diferença, a cada quatro anos se adiciona mais um dia ao mês de fevereiro, o dia 29 (ano bissexto).

Sol, para se livrar das acusações dos rígidos sacerdotes que conduziam seu julgamento. Mesmo contrariando publicamente suas convicções, ele teria murmurado, em voz baixa, a frase: "*Eppur si muove*!" (que pode ser traduzida como: "E, no entanto, ela se move!").

Felizmente, com a evolução do pensamento científico, a teoria de Galileu passou a ser amplamente aceita e, atualmente, sabe-se que, além de girar em torno do Sol (movimento de translação), a Terra gira também em torno de si mesma (movimento de rotação). Existem ainda dois outros movimentos do planeta, menos pronunciados: a precessão e a nutação (ver tabela acima).

A Terra e a vida

Acredita-se que a vida se originou na Terra, provavelmente, há mais de três bilhões de anos. As primeiras formas eram microscópicas e muito simples, mas, ao longo do tempo, os seres vivos passaram por constantes mudanças. Esse processo, denominado *evolução*, é regido principalmente pela competição, em que somente os indivíduos mais aptos e adaptados conseguem sobreviver.

Dessa forma, gradativamente, os seres vivos – vegetais e animais – assumiram formas biológicas cada vez mais complexas. A princípio, ocuparam os ambientes aquáticos (marinhos e de água doce); depois, os terrestres.

Saiba mais

A *seleção natural* é um processo pelo qual a natureza seleciona uma determinada característica de um organismo que ajuda na sua sobrevivência e reprodução. Se não houver variações das condições ambientais, ou se permanecerem similares, tais características continuam a ser vantajosas e, se passadas aos seus descendentes, tornam-se mais comuns em uma população.

Acredita-se que cerca de 99% das espécies de seres vivos surgidos no processo evolutivo já se extinguiram, restando apenas fósseis como testemunhas de sua passagem pela Terra. A biodiversidade[12] atual, composta por milhões de espécies, representa apenas 1% aproximadamente do que já existiu nessa longa história natural.

A evolução dos primatas, que resultou na espécie humana, ocorreu nos últimos dois milhões de anos. Os cientistas divergem sobre o período em que o gênero *Homo* apareceu na Terra. Ele teria surgido, provavelmente, entre 500 000 e 300 000 anos atrás, distribuindo-se pela África, Europa e Ásia. O *Homo sapiens*, por sua vez, teria aparecido entre 130 000 e 200 000 anos atrás, apresentando a posição ereta e um sistema nervoso central extremamente evoluído em relação aos outros animais. No princípio essa espécie conviveu com algumas outras do gênero *Homo* que ocorreram na Terra e, provavelmente, foram extintas pelo próprio *Homo sapiens*, mais inteligente e adaptado às condições do planeta.

Os homens primitivos conseguiram se estabelecer somente nas regiões equatoriais – a África foi seu hábitat original – e só se aventuraram em outros locais nos períodos em que as geleiras recuaram e permitiram a dispersão humana para o Norte. A garantia da sobrevivência da espécie foi a descoberta do fogo e a capacidade de confeccionar roupas mais quentes.

Saiba mais

O homem atual descende do *Homo sapiens* (em latim, homem racional ou sábio), que surgiu há cerca de 150 000 anos, possivelmente na África, como resultado de adaptações de outras espécies ao meio em que viviam. Desde então, evoluiu e aumentou, subjugando as demais espécies que se opunham a ele, e tornou-se dominante no planeta.

[12] Biodiversidade, ou diversidade biológica, refere-se à variabilidade dos organismos vivos (da flora, da fauna, de fungos macroscópicos e de micro-organismos), incluindo a variabilidade genética dentro de uma mesma população, que pode vir a formar novas espécies. Fonte: http://www.sobiologia.com.br. Acesso: 29/1/2013.

A evolução do homem

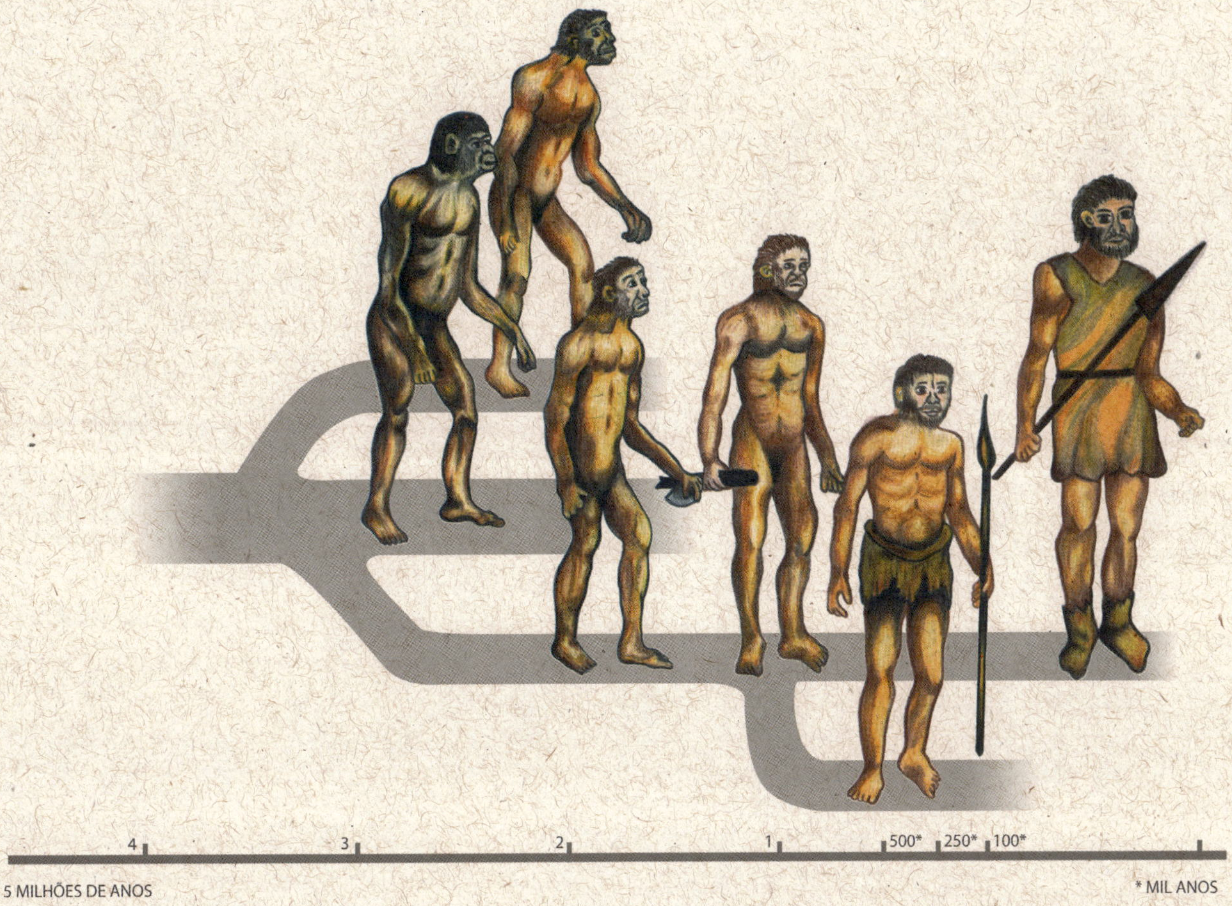

Ao longo do tempo, a população de seres humanos do planeta nunca parou de crescer, ocupando quase todos os espaços habitáveis. Atualmente, segundo a Organização das Nações Unidas (ONU), vivem na Terra cerca de sete bilhões de pessoas; em 2050, deverá ultrapassar nove bilhões de indivíduos.

Desde seu aparecimento na Terra, o homem produz impactos no ambiente. Essa intervenção foi necessária para possibilitar a sua sobrevivência, garantida, inicialmente, pela coleta de frutos e fragmentos vegetais, pela caça e pesca. Naquela época distante, o homem era parte integrante da natureza e vivia exclusivamente na sua dependência. Aí reside a grande diferença entre esses seres primitivos e o homem moderno, que destrói e desperdiça os recursos naturais por ignorância ou indiferença, ou ainda pelo atrativo de lucros e de ambição desmedidas.

O que é?

O AMBIENTE:
Conjunto de componentes físicos, químicos, biológicos e sociais, capazes de causar efeitos diretos ou indiretos, em um prazo curto ou longo, sobre os seres vivos e as atividades humanas.

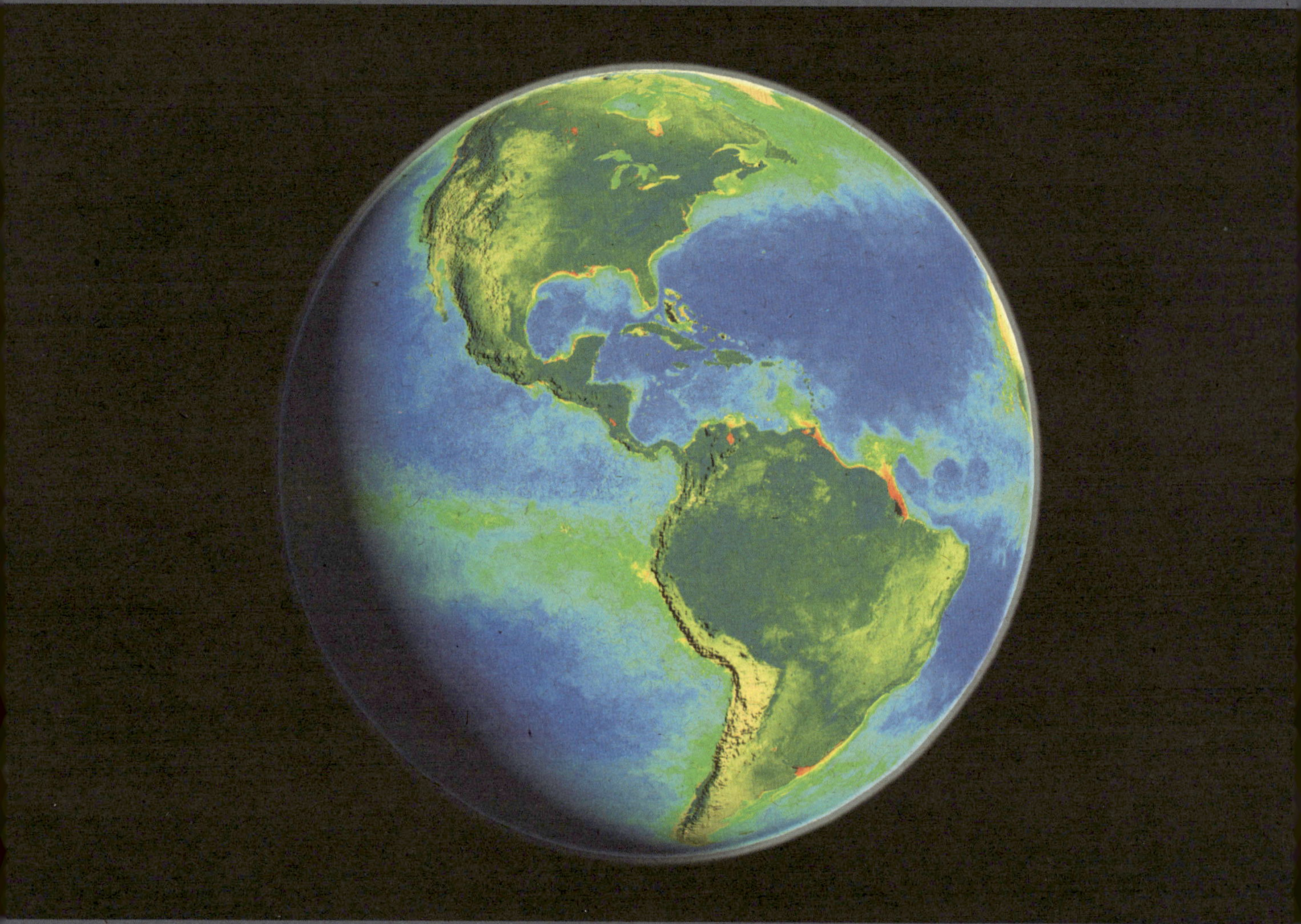

CAPÍTULO II

O homem e a biosfera

Na natureza nada se cria, nada se perde, tudo se transforma[1].

A *biosfera* é o conjunto de todos os ecossistemas – aquáticos e terrestres – da Terra, ou seja, o espaço reservado à vida[2]. O *ecossistema*, por sua vez, é tudo que existe à nossa volta: o mundo vivo (os indivíduos, as espécies) e o mundo não vivo, representado pelo clima (temperaturas, chuvas, ventos, umidade), pelo relevo (topografia) e pelo solo, que varia quanto à qualidade e à profundidade.

Dessa forma, os ecossistemas englobam não só o ambiente físico como todos os organismos existentes em determinada área, incluindo a teia de suas interações com o ambiente físico e, também, desses organismos entre si. Em outras palavras, são zonas distintas, de extensão variável, onde vivem grupos de seres vivos relacionados entre si e, também, com o meio físico. Podem ser tanto aquáticos como terrestres.

Dentro do conceito de ecossistema, deve-se, ainda, estabelecer a noção de hábitat, pelo qual se entende o ambiente físico

Na página oposta, imagem da Terra captada por poderosos satélites da NASA que permitem avaliar as influências da ação humana no planeta

Saiba mais

A base dos processos vitais que mantêm um *ecossistema* é o *ciclo*. Todos os elementos necessários à vida circulam no ambiente, passam por transformações e voltam a ficar disponíveis no meio para serem novamente absorvidos em outra estrutura. Por isso, a matéria não pode ser criada nem destruída, só transformada.

[1] Lei da conservação da matéria, deduzida pelo cientista francês Antoine Laurent Lavoisier (1743-1794), considerado o pai da Química moderna.

[2] O espaço de vida do planeta – a biosfera – concentra-se em uma estreita faixa de 20 000 metros da superfície terrestre; a maior parte dos seres vivos encontra-se entre os 3 000 metros de altitude e os 2 000 metros de profundidade. Existem, no entanto, algumas espécies que conseguem sobreviver em zonas mais profundas dos mares e em montanhas mais altas. Essa palavra (biosfera) teria sido criada pelo teólogo Teillard de Chardin (1881-1955) e recebido uma concepção metafórica do historiador Arnold Toybee (1889-1975), que a descreveu como "mãe-terra".

no qual ocorre(m) determinada(s) espécie(s). O hábitat do lobo guará, por exemplo, é o cerrado.

O conceito de nicho ecológico

O nicho ecológico de um ser vivo inclui o espaço físico em que ele vive e os fatores que atuam nesse espaço: suas presas, seus predadores, os lugares em que se refugia e onde ele procria. Normalmente, não coexistem duas espécies no mesmo nicho ecológico: elas devem diferir de alguma forma, pois se forem iguais competiriam entre si, e uma excluiria a outra. Em uma comunidade, cada espécie se especializa ao longo do tempo, de forma a obter o que precisa para sua sobrevivência. Essa especialização reduz a competição, permitindo a coexistência de várias espécies em uma mesma comunidade.

Existem dois tipos de espécies: 1- as *especialistas*, ou seja, especializadas no aproveitamento de um determinado recurso, mais vulneráveis a qualquer alteração na sua disponibilidade. Por isso, essas espécies vêm diminuindo ao longo do tempo, pois não conseguem se adaptar às mudanças introduzidas pelo ser humano no ambiente. 2- as *generalistas*, menos especializadas e menos hábeis, cujos nichos ecológicos são mais amplos e que conseguem se adaptar mais facilmente às novas situações.

Saiba mais

A borboleta tropical *Heliconius melpomene* é considerada uma espécie especializada, porque põe seus ovos somente sobre as folhas do maracujazeiro; quando eclodem seus ovos, as larvas se alimentam apenas dessas folhas.

Fonte: Lepidópteros do Brasil (Agenda de Campo), Geraldo Salgado Neto, 2010.

Os biomas

Convém lembrar: muitas vezes, o termo *bioma* é utilizado como sinônimo de ecossistema, mas, na verdade, significa uma grande área de vida formada por um complexo de hábitats (*bio* é vida, *oma* é grupo ou massa). Exemplos: Cerrado, Mata Atlântica, Amazônia, Pampas etc.

Em outras palavras, os *biomas* são as grandes formações vegetais presentes em diferentes continentes, cujas características comuns, como fatores climáticos e latitude, determinam uma **única comunidade biológica dentro de uma área geográfica definida**. Por outro lado, as variações da vegetação encontradas dentro de um mesmo bioma, devido ao tipo de solo, topografia e disponibilidade de água – são conhecidas como *ecossistemas*.

O Sol é o grande impulsionador dos ecossistemas, que apresentam dois componentes básicos: podem ser *bióticos* (os seres vivos) ou *abióticos* (o meio físico e químico). Os componentes bióticos classificam-se em *autótrofos* e *heterótrofos*. Os primeiros são aqueles que produzem seu próprio alimento, como as plantas e as algas verdes (seres fotossintetizantes). Por sua vez, os heterótrofos – os animais, por exemplo – necessitam de outros organismos para produzirem seus alimentos. São considerados não fotossintetizantes (ver tabela página 41).

Um mesmo bioma pode ser encontrado em diferentes continentes, apresentando, no entanto, variações na vegetação e na fauna. Os biomas terrestres mais característicos do planeta são: a *tundra* (vegetação arbórea escassa, próxima a regiões de neves

Distribuição dos biomas terrestres no planeta

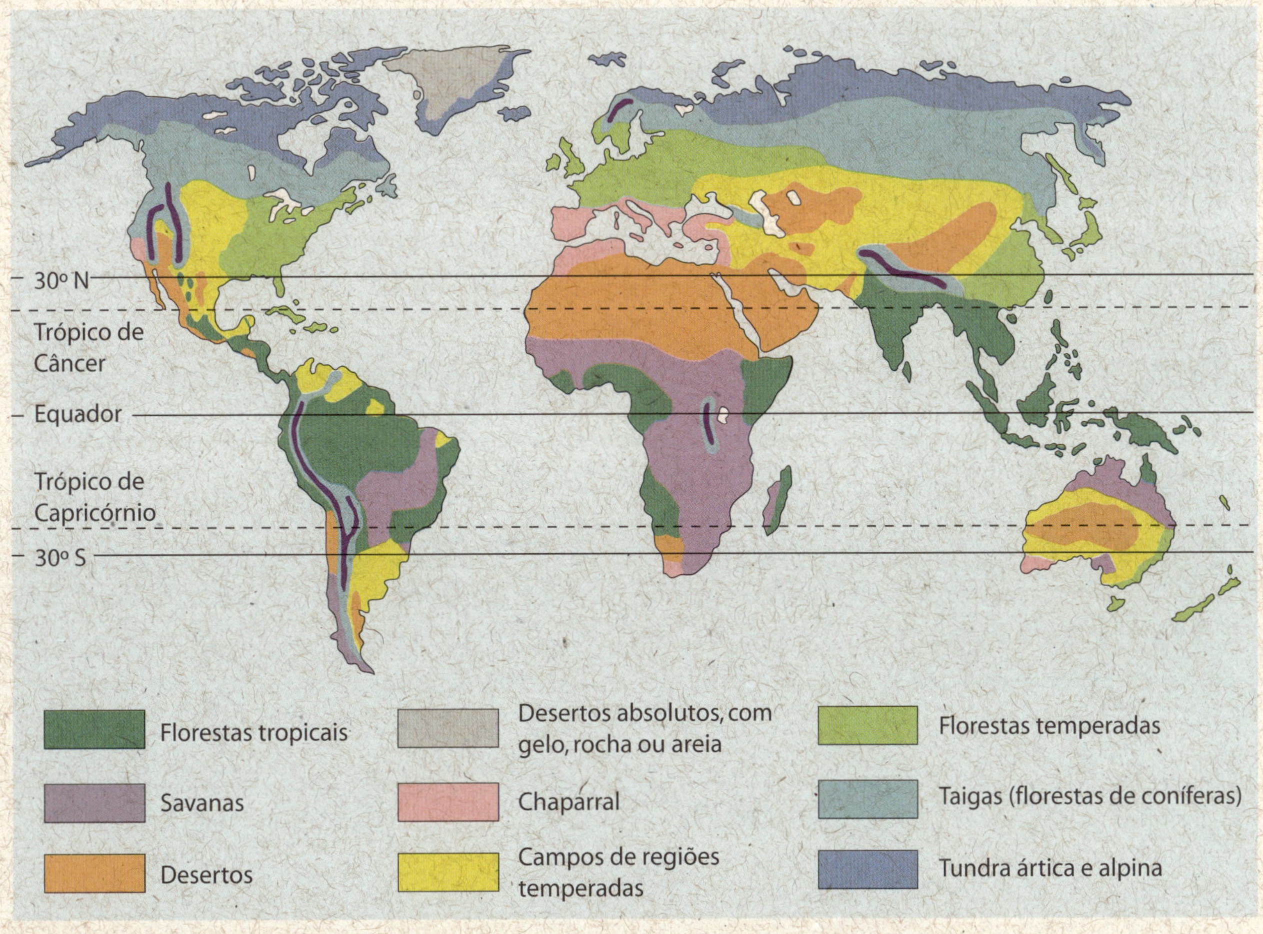

Fonte: adaptado de Editora Saraiva (s/d).

eternas), a *taiga* (bosques de coníferas), as *florestas tropicais* (que se caracterizam pela grande diversidade de espécies vegetais e pela alta pluviosidade), as *florestas temperadas* (mais homogêneas, onde dominam as espécies que perdem as folhas no inverno, denominadas caducifólias), os *campos* – savanas, estepes e pradarias – e os *desertos*. Podem ser ainda citados outros tipos localizados pontualmente, como a vegetação das montanhas e os bosques mediterrâneos.

Principais biomas brasileiros

O prof. Airton Brandão Joly (1970) divide o Brasil em cinco grandes regiões fitogeográficas: a Amazônia, ao Norte; a Caatinga, no Nordeste; o Cerrado, no Centro-Oeste; a Mata Temperada, no Sul; e a Mata Atlântica, ao longo do litoral. Destaca-se, ainda, por suas peculiaridades especiais, o Pantanal.

A AMAZÔNIA É A MAIOR FLORESTA TROPICAL DO MUNDO, ORIGINALMENTE COM 4,1 MILHÕES DE QUILÔMETROS QUADRADOS. A BACIA AMAZÔNICA, POR SUA VEZ, OCUPA 6,5 MILHÕES DE QUILÔMETROS QUADRADOS

Fonte: IBGE (2011).

Essa classificação aproxima-se da oficial, do Instituto Brasileiro de Geografia e Estatística (IBGE), que inclui não somente a vegetação, mas também todo o conjunto dos seres vivos existentes em determinado compartimento ecológico. Destaca a ocorrência de seis principais biomas[3] no território nacional: Amazônia, Cerrado, Mata Atlântica, Caatinga, Pampa e Pantanal.

Amazônia

A floresta pluvial amazônica, também conhecida como hileia brasileira, é a mais pujante da Terra. A maior parte está localizada no território brasileiro, mas se estende, também, por oito países vizinhos[4]. O clima apresenta poucas variações de temperaturas, com chuvas bem distribuídas durante todo o ano. Nos meses secos, a água armazenada no solo compensa a carência na atmosfera. É um ambiente fechado, que vive de seus resíduos.

[3] O IBGE define como bioma um conjunto de vida (vegetal e animal) constituído pelo agrupamento de tipos de vegetação contíguos e identificáveis em escala regional, com condições geoclimáticas similares e história compartilhada de mudanças, o que resulta em uma diversidade biológica própria. Fonte: www.ibge.gov.br. Acesso: 3/12/2008.

[4] A bacia amazônica compreende, além do Brasil, Bolívia, Colômbia, Equador, Guiana, Guiana Francesa, Peru, Suriname e Venezuela. Ao todo, o bioma ocupa quase oito milhões de quilômetros quadrados.

Fonte: IBGE (2004).

OS BIOMAS BRASILEIROS GUARDAM 1/5 DA BIODIVERSIDADE MUNDIAL, COM 50 MIL ESPÉCIES DE PLANTAS, CINCO MIL DE VERTEBRADOS, 10 A 15 MILHÕES DE INSETOS E MILHÕES DE MICRO-ORGANISMOS.

Aspecto do rio Tefé, na região central do estado do Amazonas, ainda não prejudicado pela atividade humana

Nessas formações enclausuradas e muito úmidas, as plantas formam diversos grupos, estratificando-se em camadas de alturas diferentes dentro da mata, com dimensões que alcançam mais de quarenta metros de altura. Sua estrutura e composição, porém, variam bastante. Existem diversos tipos: a mata de terra firme; a de várzea, ao longo dos rios, que sofre alagamento periódico; a mata de igapó, quase sempre inundada; as caatingas do rio Negro ou "campinaranas", situadas, principalmente, sobre as areias brancas; e, finalmente, pequenas áreas de cerrado.

A fauna da floresta amazônica é complexa, sendo a mais rica do mundo em primatas. Os animais mais característicos são: o cachorro-do-mato, quati, jupará, furão, cotia, porco-do-mato, queixada, caititu e vários felinos (jaguatirica, suçuarana e jaguar); existem, também, muitos pássaros, morcegos e marsupiais, bem como mamíferos aquáticos (peixe-boi, boto-vermelho, boto-tucuxi, lontra e ariranha).

O BRASIL ABRIGA 13% DAS ESPÉCIES DA FAUNA E DA FLORA EXISTENTES EM TODO O MUNDO E A MAIOR PARTE DELAS ESTÁ NA AMAZÔNIA

Cerrado

O Cerrado é a formação universalmente conhecida como savana, caracterizada por dois estratos: um arborescente, de pequenas árvores tortuosas, espaçadas e dotadas de cascas espessas, e outro mais baixo, formado por gramíneas, subarbustos e arbustos.

As chuvas nesse bioma são regulares e ocorrem de outubro a março. A vegetação perde suas folhas na estação seca, nos meses do meio do ano. Uma formação bem desenvolvida, densa e alta, pode abranger de 181 a 235 árvores por hectare.

Atualmente, conhecem-se mais de setecentas espécies de árvores e arbustos do cerrado, mas a lista não para de crescer, a partir da realização de novos estudos.

Em comparações com outras savanas, como as da Austrália e África, o cerrado brasileiro possui maior quantidade de espécies de plantas. Sua fauna, também muito rica, é composta, principalmente, por tamanduás, tatus, alguns primatas, cotias, pacas, capivaras, porcos-do-mato, entre outros mamíferos. Além de sua grande importância para a biodiversidade, o cerrado consegue absorver até duas toneladas de carbono por hectare ao longo do ano, segundo cálculos da ONG *Conservation International*[5].

Em seus domínios, que cobrem cerca de um quarto do território brasileiro, estão três grandes bacias hidrográficas do país: Amazônica, São Francisco e Paraná-Paraguai. Além disso, sob seu solo, localiza-se uma parte do aquífero Guarani, considerado uma das maiores reservas subterrâneas de água doce do planeta.

GRANDE PARTE DO CARVÃO CONSUMIDO NO BRASIL (80%) É FEITO A PARTIR DAS ÁRVORES DO CERRADO, O QUE TEM CAUSADO GRANDE DEGRADAÇÃO DESSE IMPORTANTE BIOMA

Após a retirada da vegetação nativa do Cerrado para a produção de carvão, as áreas desmatadas são geralmente destinadas ao uso agropecuário

[5] A *Conservation International* é uma organização privada, sem fins lucrativos, dedicada à conservação e à utilização sustentada da biodiversidade. Fundada em 1987, tornou-se em poucos anos uma das mais eficientes organizações ambientalistas do mundo. Atualmente, trabalha para preservar ecossistemas ameaçados de extinção em mais de trinta países distribuídos por quatro continentes. Mais informações: www.conservation.org.

Muitos especialistas consideram o cerrado como uma "floresta de cabeça para baixo", pois suas riquezas se concentram no subsolo; calcula-se que dois terços da biomassa existente sejam constituídos de raízes, tubérculos, além de uma trama de estruturas complexas, que permitem sua rápida recuperação, mesmo diante de agressões externas.

Os solos do cerrado, antigos e profundos, são ácidos e apresentam altos teores de ferro e de alumínio; não são necessariamente pobres e podem armazenar bastante água. Por serem geralmente planos, favorecem as práticas agrícolas, principalmente, as mecanizadas e irrigadas. Por isso, nas últimas décadas, passaram a ser explorados em larga escala para o cultivo de grãos, como a soja, o arroz e o milho, e também para a criação de gado.

O desenvolvimento das atividades agropecuárias, a mineração, e a expansão urbana são as causas apontadas para a degradação desse tipo de bioma. Calcula-se que apenas 20% da área original do cerrado brasileiro abrigue a vegetação primitiva.

Saiba mais

A caatinga é o único bioma exclusivamente brasileiro, considerado o semiárido mais populoso do mundo. Muitas vezes, apresenta a fisionomia de um deserto, devido aos regimes intermitentes de seus rios, mas possui, pelo menos, doze tipos de vegetações distintas, além de abrigar "ilhas verdes", com solos úmidos e férteis.

Caatinga

As matas de caatinga se restringem à região Nordeste do país e ao norte de Minas Gerais, cobrindo cerca de 12% do território brasileiro. No passado, ocupavam área maior, mas sofreram grande devastação ao longo do tempo. Segundo o Ministério de Meio Ambiente (2002), a região já perdeu quase 70% de sua vegetação original. A situação se torna ainda mais grave, quando se considera que abriga muitas espécies endêmicas[6], de alto valor biológico para a conservação.

O termo *caatinga* origina-se da língua indígena tupi. Significa "mata branca", uma referência à vegetação sem folhas predominante durante a estação seca. É representada por um mosaico de vegetação xerófita[7] e decídua (que perde suas folhas), predominantemente constituída de plantas lenhosas, misturadas a

[6] Espécie endêmica é aquela cuja distribuição natural está limitada a uma área conhecida. Fonte: http://cardigoso.blogspot.com.br. Acesso: 29/1/2013.

[7] Vegetação xerófita: diz-se dos vegetais que têm uma estrutura especial, na qual domina o reforço das paredes celulares e há, portanto, abundância de tecidos mecânicos, tendo, ainda, adaptações funcionais contra a falta de água, razão por que resistem bem às carências de água disponível (Dicionário Aurélio).

um grande número de cactos e bromélias. As ervas só vegetam na estação chuvosa. Outra forma de vida típica é a das plantas "queimantes" (euforbiáceas), como a faveleira *(Jatropha sp.)*, que possui um líquido causticante.

A adaptação ao clima semiárido resultou em plantas tortuosas, de folhas pequenas e finas, ou até reduzidas a espinhos, com cascas grossas e sistemas de raízes e órgãos específicos destinados ao armazenamento de água, como os cactos, entre os quais predominam o mandacaru (*Cereus jamacaru*) e o xique-xique (*Pilosocereus gounellei*); as barrigudas (*Cavanillesia arborea*), o pau-mocó *(Luetzelburgia auriculata)* e o umbuzeiro (*Spondias tuberosa*). Esta última é considerada "a árvore sagrada do sertão", por causa de múltiplos usos[8].

Mandacaru, planta típica do Nordeste, que só floresce à noite

Esse tipo de bioma assenta-se em planícies e em chapadas baixas, com uma altitude de 300-600 metros; o solo geralmente é argiloso, às vezes, arenoso, com afloramentos de rochas cristalinas. Há uma longa estação seca, que pode aquecer a superfície do terreno a até sessenta graus *Celsius*. O regime de chuvas é torrencial e irregular, alternando-se secas e inundações.

A subdivisão mais frequente da caatinga é o *agreste*, perto do mar, mais úmido, com solo mais profundo e presença de aquíferos, onde predominam formações vegetais mais altas e densas; e o *sertão*, no interior, seco, quente, com solo raso e/ou pedregoso, vegetação mais pobre e baixa, que pode ser um agrupamento de arbustos ou arvoretas.

A fauna é comum à de outros ecossistemas desérticos, com destaque para pequenos marsupiais (cuíca, gambá ou mucura), tatus, cotias e alguns primatas, que vivem nas formações arbóreas. Há muitos morcegos e roedores. Um dos mamíferos mais característicos é um pequeno roedor, o mocó. Entre as aves, destacam-se a pomba, o acauã, a ararinha-azul, a jandaia, o galo-da-campina e o carrega-pau. Dentre os répteis, observam-se a jararaca e a cascavel.

Saiba mais

O processo de fragmentação florestal existente na Mata Atlântica é extremamente crítico, principalmente nas regiões interioranas. Por isso, a interligação entre as florestas nativas, feita por meio dos chamados "corredores ecológicos", é fundamental para garantir a proteção de sua rica biodiversidade.

Mata Atlântica

A cobertura original da Mata Atlântica estendia-se ao longo do litoral brasileiro, desde os estados do Rio Grande do

[8] Fonte: Cristiane Fontes, no Almanaque socioambiental (2008).

*O majestoso jequitibá (*Cariniana legalis*) destaca-se na paisagem em trecho da Mata Atlântica na região de Campinas (SP)*

Norte até o Rio Grande do Sul, alargando-se na porção central. Essas áreas foram as que mais sofreram degradação ao longo do tempo, pois nelas se iniciou a colonização do país – e, hoje, os fragmentos remanescentes representam menos de 2% das florestas do Brasil. Normalmente, nesses locais, o clima é essencialmente tropical, com chuvas abundantes. Seus ricos recursos hídricos abastecem de água mais da metade da população do Brasil.

A Mata Atlântica divide-se em dois tipos básicos: a floresta pluvial *montana* (acima de 800 metros de altitude), mais densa, onde as árvores podem atingir até trinta metros de altura e a floresta *baixo-montana* (entre 300-800 metros aproximadamente), onde há árvores de cerca de doze metros de altura, com menor densidade entre elas. Outra classe de florestas aparentada com as pluviais são as chamadas florestas estacionais semidecíduas, mais abertas e mais pobres em diversidade e cujas árvores perdem parte das folhas no período das secas.

Dos mamíferos que sobrevivem na Mata Atlântica, destacam-se os marsupiais (gambá, cuíca-d'água), a preguiça, o quati, o caxinguelê, a cotia, o tatu, vários morcegos e primatas. Ocorrem, ainda, cachorro-do-mato, tamanduá, porco-do-mato (cateto e queixada), jaguar, vários répteis, batráquios, além de muitas aves e borboletas.

Pantanal

O Pantanal é um bioma com peculiaridades únicas no mundo. Trata-se de uma planície alagadiça, com 139 000 km^2, localizada entre o Mato Grosso do Norte e Mato Grosso do Sul, cortada pelo rio Paraguai, que também se estende pelos países vizinhos (Bolívia e Paraguai), sempre margeando o leito fluvial.

O Pantanal situa-se em uma zona de transição entre o "chaco"[9] boliviano e a região amazônica, fazendo com que seus ecossistemas sejam semelhantes tanto aos dos trópicos como aos dos cerrados. A altitude oscila entre 100-200 metros na região, toda cercada pelo planalto cristalino, de uns 600-700 metros, coberto com vegetação típica. É considerado o elo entre as duas maiores bacias fluviais da América Latina – a amazônica e a do rio da Prata –, promovendo a dispersão da fauna e da flora.

As chuvas concentram-se entre outubro e março, quando o rio Paraguai e seus afluentes se avolumam de tal forma que as águas espraiam, cobrindo a planície com um lençol de água contínuo, de até quatro metros de profundidade. Para o interior, longe dos rios, as inundações limitam-se a depressões do terreno, formando as chamadas *baías*. São separadas por outras faixas de terra mais elevadas, as *cordilheiras*, onde os animais silvestres e o gado se refugiam durante as cheias. O curso d'água que liga uma baía à outra tem o nome de *corixo*.

O período da cheia – de dezembro a maio – fertiliza a terra pela deposição de nutrientes trazidos pelas águas, à semelhança do que ocorre no rio Nilo, no Egito. A partir de abril a julho, as águas baixam, permitindo a passagem de veículos. Seu len-

Saiba mais

As principais atividades econômicas desenvolvidas no Pantanal são a pecuária extensiva, a pesca, o turismo, a extração de minérios e, em menor escala, a agricultura. As práticas não sustentáveis promoveram o desmatamento de extensas áreas, a contaminação por agrotóxicos e a introdução de gramíneas exóticas.

[9] O Chaco (do idioma quéchua, chaku, que significa território de caça) é uma região de aproximadamente 1,28 milhão de quilômetros quadrados, que compreende parte dos territórios do Paraguai, Bolívia, Argentina e Brasil (sul do Pantanal). Engloba diferentes ecossistemas e climas variados desde o semiárido, ao Norte, até o úmido, ao Sul, próximo ao Brasil.

to escoamento promove um fenômeno interessante: é a cheia sem chuvas ou cheia na seca. O fenômeno acontece porque as águas pluviais provenientes das planícies mais altas, após alguns meses, chegam em grande volume às partes mais baixas, provocando as inundações[10].

A vegetação do Pantanal é variada: forma um mosaico de comunidades aquáticas, tanto submersas como natantes, fixadas ao fundo (por exemplo, a vitória-régia). Nos trechos de escoamento mais rápido da água, surgem campos com gramíneas. Em amplas extensões, há predominância de determinadas espécies, como o buriti (*Mauritia vinifera*), carandá (*Copernicia alba*), paratudo (*Tabebuia caraiba*), piri (*Cyperus sp.*) e taboa (*Tipha dominguensis*).

Por sua beleza e pelo interesse que despertam, as aves são objeto de comércio ilegal no Brasil e muitas delas estão ameaçadas de extinção

A fauna da região pantaneira é riquíssima: além dos cervídeos, há o jaguar, que controla, principalmente, as populações de queixadas, caititus e capivaras. Ali habitam ainda o lobo-guará, o cachorro-vinagre, a paca, a ariranha e a lontra. Nas cordilheiras, encontram-se tamanduás, tatus, morcegos, ratos-do-cerrado, bugios e vários marsupiais.

São muitas as aves que vivem nesse ambiente, com destaque para garças, socós, cabeças-secas, maguaris, jaburus, curicacas, colhereiros, anhumas, patos, marrecos, urubus, gaviões, araras, papagaios, mutuns, jacutingas, jacus, emas, seriemas, perdizes, urubus-reis, bicudos e curiós. Dos répteis pantaneiros, destacam-se o jacaré, a sucuri, a jiboia e alguns quelônios (jabutis e cágados).

Campos sulinos

Também conhecidos como Pampas – que significam "região plana", na língua indígena –, esse bioma caracteriza-se por uma vegetação de gramíneas, com poucas árvores, sempre varridas pelo vento. Estende-se além das fronteiras do sul do Brasil, em direção ao Uruguai e Argentina. Constitui-se também por regiões de banhados – muitos deles convertidos em atividades agropecuárias –, por cerros e serras, concentrados no Sudoeste, além de áreas onde impera o espinilho, uma vegetação espinho-

[10]Fonte: Almanaque socioambiental (2008).

sa e seca, representada por duas espécies características: o algarrobo (*Prosopis algarobilla*) e o nhanduvaí (*Acacia farnesiana*).

O ambiente natural foi bastante perturbado pela pecuária, principal atividade econômica ali desenvolvida. Essa prática contínua, de caráter extensivo, efetuada sem preocupação com a conservação ou com a recuperação da vegetação original, levou ao desaparecimento de grandes áreas de campos e de matas que ali ocorriam.

Segundo o Ibama (2005), a fauna ali existente é riquíssima, representada, em grande parte, por roedores, lobos, coiotes, raposas, aves de rapina, além de répteis. Atualmente, existem, pelo menos, onze espécies de mamíferos bastante raros e 22 espécies de aves ameaçadas de extinção.

Para os ambientalistas mais ortodoxos, as ameaças mais recentes aos Pampas são: a ampliação das lavouras de soja e de mamona e a expansão das florestas plantadas. São consideradas, também, como atividades impactantes, a mineração e a pecuária.

O solo dos Pampas geralmente é pobre, pedregoso, muito suscetível à erosão e ao processo de arenização[11]. Esse fenômeno é observado, principalmente, no Sudoeste, com o afloramento de depósitos arenosos, a partir da remoção da cobertura vegetal. Nos pontos mais críticos, formam-se grandes crateras com até cinquenta metros de profundidade. Segundo os pesquisadores, o processo ocorre por causas naturais, mas agravou-se ultimamente com o uso de técnicas inadequadas de manejo do solo.

Outros ecossistemas

Dentro dos principais biomas brasileiros, alguns autores, como Rizzini e outros (1988), enumeram, paralelamente, alguns ecossistemas bem característicos: os pinheirais, dominados pela espécie *Araucaria angustifolia*, o "pinheiro do Paraná", situados no sul do país e em pontos isolados na Serra da Mantiqueira, acima de 1 600 metros de altitude; os cocais, onde reina a palmeira babaçu (*Orbygnia speciosa*), muito afetados pela ação humana; os campos, revestidos de espécies herbáceas e arbusti-

E INDO, E INDO, NUNCA SE AFASTANDO D'ÁGUA, SE ALONGAM OS BURITIZAIS. CADA BURITI É UM REI, E HÁ REIS EM MULTIDÃO. AOS GRITOS, ÀS CENTENAS, VIVOS, VERDES, NOS CACHOS DE COCOS, BICAM E REVOAM MAITACAS, SOFRÊS E PERIQUITOS

João Guimarães Rosa, escritor brasileiro (1908-1967).

[11] A arenização é o processo de transformação de um solo muito arenoso com uma cobertura vegetal fraca, em uma área com areia, com pouca ou nenhuma vegetação.

Limites da vida

Existem locais onde as condições ambientais são tão desfavoráveis que a presença de vida parece impossível. Alguns seres vivos, no entanto, são adaptados para viver em condições totalmente adversas. Eis alguns recordes do planeta:

- O lugar mais úmido do planeta é Mawsynram, na Índia, onde chove, em média, 11 873 mm por ano.
- O lugar mais seco é o deserto do Atacama, no Chile, com média de 0,1 mL de água de chuva por ano.
- O vulcão mais ativo é o Kilauea, no Havaí (EUA), que expele lava ininterruptamente há quase trinta anos.
- O ponto mais alto é o monte Everest, na Cordilheira do Himalaia (Nepal), com 8 844 metros de altitude.
- O lugar mais fundo é a Fossa das Marianas, no oceano Pacífico, com 11 034 metros de profundidade.
- O deserto do Saara, no norte da África, é o maior do mundo, com mais de nove milhões de metros quadrados.

Fonte: Enciclopédia do Estudante. Vol.1, 2008.

vas, que ocorrem desde as serras do Planalto central, até o Sul; e os buritizais, com predominância da palmeira buriti (*Mauritia flexuosa*), em regiões úmidas, localizadas nas depressões do Cerrado ou, eventualmente, na Caatinga.

Há, ainda, outros ecossistemas de grande importância para a biodiversidade, como as restingas, formações vegetais que revestem as areias, existentes nas praias até as primeiras encostas da serra do Mar; os manguezais, que abrigam uma fauna muito rica, principalmente de invertebrados; e as matas ciliares, que protegem as margens dos cursos d'água, exibindo estrutura semelhante à da floresta pluvial.

Saiba mais

Calcula-se que existam entre dez a trinta milhões de espécies na Terra. Destas, menos de dois milhões foram identificadas pela ciência.

Fonte: df.sebrae.com.br (2004). Disponível em: http://www.ebah.com.br. Acesso em 5/2/2013.

Conservação da biodiversidade

Ao longo de sua permanência na Terra, o homem está constantemente interferindo na natureza, de forma direta (por meio da caça, da pesca, do lançamento de substâncias tóxicas no solo, no ar, na água) e de forma indireta (modificando hábitats e degradando o ambiente). Para conhecer com maior profundidade as consequências dessa intervenção surgiu, no século XIX, a **Ecologia**, definida como a ciência que estuda as relações entre os seres vivos e com o meio físico, no qual evoluem.

Sabe-se que a característica mais importante da biosfera é a sua capacidade inerente de sustentar a vida; portanto, uma comunidade humana sustentável terá de ser planejada de forma que seus estilos de vida, suas tecnologias e suas instituições sociais respeitem, apoiem e cooperem com a capacidade inerente da natureza de manter a vida.

Os componentes do ecossistema

Ecossistema: Impulsionado pelo Sol (engloba os recursos naturais e suas relações entre si)	Componentes Abióticos →	Meio físico e químico	Solo; água; ar; luz; calor; pH; salinidade; variações de pressão da água e do ar; Compostos orgânicos e inorgânicos: dióxido de carbono, oxigênio, cálcio, sais de fósforo, aminoácidos, ácidos húmicos etc.
	Componentes Bióticos →	Seres vivos	**Autótrofos:** Produzem seu próprio alimento (Ex.: as plantas, as algas) **Heterótrofos:** Necessitam dos outros organismos para se alimentarem. (Ex.: os animais)

Assim, torna-se necessário entender melhor a sustentabilidade. O conceito se baseia na compreensão de três fenômenos básicos: o padrão da organização da vida é o da "rede" ou da "teia"; a matéria percorre ciclicamente a teia da vida; todos os ciclos ecológicos são sustentados pelo fluxo constante da energia proveniente do Sol.

Esses três fenômenos básicos – a teia da vida, os ciclos da natureza e o fluxo de energia – são aqueles que os homens vivenciam, exploram e entendem, por meio de experiências diretas com o mundo natural. Tais experiências possibilitam a compreensão de que a humanidade faz parte da teia da vida e insere-se em um determinado ecossistema, em uma paisagem, com flora e fauna características, e também em um sistema social e cultural específico.

Nesse contexto, outro conceito importante que precisa ser bem assimilado é o de **biodiversidade**. De acordo com a Organização Não Governamental SOS-Fauna, essa variedade de seres que compõem a vida na Terra precisa ser preservada. Para tanto, é preciso reconhecer, inventariar e manter o leque dessas diferenças".

Dessa forma, a entidade preconiza que "quanto mais diferenças existirem, maiores serão as possibilidades de vida e de adaptação às mudanças. Quando a variedade de espécies em um ecossistema muda, a sua capacidade em absorver a poluição, manter a fertilidade do solo, purificar a água também é alterada".

Segundo a SOS-Fauna, "a ciência não conhece nem 10% da biodiversidade do planeta e grande parte desse tesouro já se perdeu. Por isso, é urgente conservar e estudar aquilo que pode, no futuro, significar novas possibilidades de aproveitamento pelo homem para a alimentação e para a cura de doenças. Os países tropicais, como é o caso do Brasil, apresentam maior variedade em espécies, podendo funcionar como verdadeiros bancos, dos quais a humanidade poderá retirar inúmeros benefícios, inclusive os meios de sobrevivência".

A partir de 1980, aumentou a conscientização em torno da necessidade de conservação da natureza, assinalando a importância de se promover o desenvolvimento econômico e social com base no uso equilibrado dos recursos naturais.

Esses novos valores incorporaram a necessidade da conservação da biodiversidade: a natureza deixa de ser encarada como um conjunto de elementos isolados e passa a ser considerada de forma holística, envolvendo valores científicos, éticos, estéticos e recreativos.

Saiba mais

Para facilitar a proteção da biodiversidade, foram identificados no mundo 34 *hotspots* – áreas críticas que abrigam quantidade elevada de espécies ameaçadas e que são submetidas à intensa perda de hábitats. No Brasil, foram incluídas na lista a Mata Atlântica e o Cerrado.

Fonte: Hotspots revisitados (2004). Disponível em: www.conservation.org.br. Acesso em 5/2/2013.

Na página oposta, trilha aberta em fragmento da Mata Atlântica na região de Vassouras (RJ)

Alguns fatores causadores da perda da diversidade biológica

- O desmatamento excessivo, pela derrubada (corte raso), pelo desbaste seletivo das florestas e, ainda, por meio de queimadas;
- A exploração exagerada dos recursos naturais, por meio da caça, da pesca e da agropecuária extensiva;
- A extinção de alguns hábitats naturais de determinadas espécies de plantas e animais, em decorrência da urbanização e da construção de obras de infraestrutura, como estradas, represas, entre outras;
- A degradação dos ambientes naturais devido à contaminação por fertilizantes, pesticidas, emissões e vazamentos de substâncias tóxicas, que afetam os recursos alimentares de determinadas espécies e prejudicam sua reprodução;
- A destruição dos recursos naturais pelas indústrias que utilizam processos produtivos inadequados e nocivos ao ambiente;
- As mudanças climáticas;
- A introdução de espécies exóticas em determinados ecossistemas, que provoca desequilíbrio com as espécies nativas ali existentes.

A natureza como inspiração

Muitas vezes os cientistas buscam na natureza a inspiração para resolver problemas. Observar o funcionamento dos sistemas naturais dos animais e das plantas pode contribuir para o desenvolvimento de novas tecnologias. Essa linha de estudo, conhecida como biomimetismo, já trouxe resultados importantes, como se pode ver a seguir:

- Novo modelo de coloração para revestimentos, sem utilização de pigmentos, só o fracionamento da luz, como ocorre nas penas do pavão;
- Desenho de uma superfície que imita as estruturas de captação de água e os canalículos presentes nas asas do besouro, que lhe dá habilidade para coletar o líquido em áreas desérticas, como solução para a escassez de água;
- Modelo de minimarca-passo sem bateria, baseado na observação da baleia jubarte, cujo coração pesa cerca de 900 quilos e bombeia o sangue por um sistema circulatório 4,5 mil vezes maior do que os humanos. O animal possui tipos de "nanofios" que conduzem os sinais elétricos e estimulam o batimento cardíaco, por meio da camada de gordura que protege o coração contra o frio;
- Possibilidade de levar vacinas a vilarejos pobres, onde não existe refrigeração, com o uso de *spray*, que permite seu armazenamento por longos períodos, contendo substância extraída da chamada "planta-da-ressurreição" (*Myrothamnus flabellifolia*). Esta espécie, nativa da África, "revive", após um longo período de seca, pela ação de um açúcar produzido em suas células, que cristaliza os tecidos;
- Utilização do sistema de proteção bacteriana existente em um tipo de alga vermelha, encontrada nos mares da Austrália, para combater infecções, como o cólera, e para proteger instrumentos cirúrgicos, como os cateteres. Apesar de viverem em ambientes repletos de bactérias, tais algas são livres dos chamados biofilmes, complexos sistemas reúnem populações de bactérias associadas, que podem se formar em qualquer superfície, como a dos tecidos de uma válvula cardíaca ou das lentes de contato.
- Desenvolvimento de um remédio analgésico batizado de *Enpak*, a partir do veneno da **cobra cascavel** (*Crotalus durissus terrificus*), que possui uma substância seiscentas vezes mais potente do que a morfina, atualmente em fase de avaliação por uma indústria farmacêutica. Tudo começou na década de 1930, quando o médico Vital Brazil (1865-1950) , fundador do Instituto Butantan, em São Paulo, observou que as pessoas picadas por cascavel não sentiam dor. Imaginou que a serpente possuía alguma substância benéfica para seus propósitos: sem causar dor, sua picada poderia passar despercebida pela vítima. Passaram-se setenta anos até que a ciência pudesse identificar e testar a eficácia desta substância.

Fonte: O *Estado de S. Paulo*. 7/8/2008. Caderno especial, p. X8.

Capítulo III

Os recursos naturais

A proteção ao ambiente é um trabalho pela paz, porque, ao administrar nossos recursos naturais, plantamos as sementes da paz, tanto agora como no futuro[1].

Na página oposta, trecho da Mata Atlântica, nas proximidades de Curitiba (PR)

Os recursos naturais constituem todos os bens fornecidos pela natureza. A água, o ar, o Sol (como fonte de luz e calor), o solo, a vegetação são renováveis. Outros, como os minerais, não o são.

As reservas minerais, tais como de fosfato, de ferro, de cobre, de alumínio e de petróleo, consideradas de grande valor estratégico, são recursos finitos, que devem ser constantemente economizados, usados racionalmente e reciclados, quando possível, para que durem o maior tempo possível, e possam ser aproveitados, também, pelas gerações futuras.

Tipos de recursos naturais

Se o produto for um ser vivo ou não →	**Recursos abióticos:** o solo, a água, o ar e os minerais **Recursos bióticos:** produtos agrícolas, pecuários, florestais ou oriundos da pesca
Se são repostos no ambiente de forma natural ou não →	Recursos renováveis Recursos não renováveis

Fonte: Enciclopédia do Estudante (2008).

[1] Frase da ecologista africana Wangari Maathai (1940-), prêmio Nobel da Paz em 2004.

Recursos abióticos

O *solo*

O solo compõe-se, geralmente, de partículas de origem mineral, de matéria orgânica, de água e de gases, que ocupam os espaços livres e permitem a sobrevivência de vegetais e animais. Não é somente o local em que assentamos os pés, nem o simples suporte para habitações e outras instalações indispensáveis ao homem. É uma estrutura muito dinâmica e complexa: está sempre em contínuo processo de formação e degradação. Resulta da transformação gradativa de uma rocha pela ação de fenômenos físicos e químicos verificados lentamente ao longo do tempo.

Basicamente, cinco fatores influenciam a formação dos solos: a *rocha-mãe*, material geológico original que fornece seus componentes minerais; o *clima*, por meio das águas das chuvas e das temperaturas; os *seres vivos*, desde micro-organismos (bactérias e fungos), pequenos animais, como insetos e roedores, até as raízes das plantas, que contribuem para misturar seus materiais e colaboram na sua aeração; o *relevo*, ou seja, o grau de inclinação e a localização; e a *passagem do tempo*.

A partir dessa explicação, pode-se dizer que diferentes rochas-mãe geram solos variados; mas rochas do mesmo tipo também podem se transformar em solos diferentes. Eles compõem-se de material sólido (mineral e orgânico), e não sólido, representado pela água e pelo ar.

Etapas de formação do solo

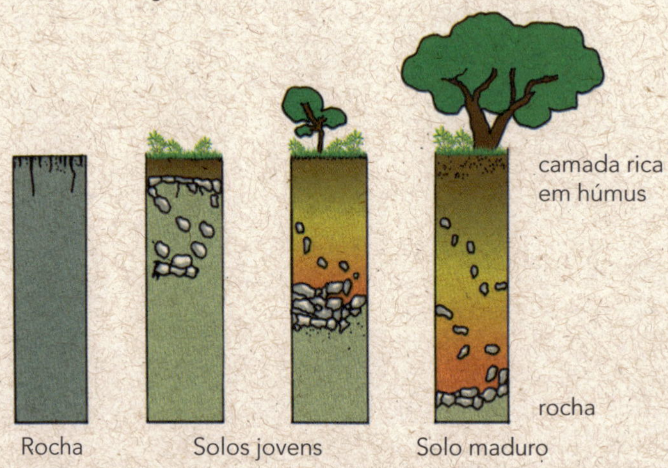

Perfil do solo submetido a trabalho de máquinas, mostrando seus diversos horizontes

Para se observar melhor a estrutura de um solo, é conveniente analisar seu perfil, por meio de um corte no terreno (um barranco, por exemplo), onde podem ser verificadas suas diferentes camadas. A mais superficial, denominada Horizonte A, apresenta coloração mais escura, devido à maior quantidade de matéria orgânica. É a faixa de solo mais fértil, com profundidade variável de 60 cm a 1,5 m, onde se desenvolvem a maioria das raízes, considerada a mais recomendada para o cultivo de plantas.

O Horizonte B é a camada situada mais abaixo, geralmente com coloração mais clara. Apresenta menor presença de raízes e de matéria orgânica. Sua profundidade permite o uso agrícola, porém sem apresentar as mesmas qualidades e, em consequência, os mesmos resultados do que o tipo anterior no desenvolvimento da vegetação.

O Horizonte C localiza-se imediatamente abaixo do Horizonte B. É representado por uma camada de aspecto grosseiro, onde se verifica a existência de rochas, ainda não totalmente intemperizadas. Trata-se de uma faixa infértil, onde, às vezes, desenvolve-se a última parte das raízes das árvores, e cujo uso agrícola deve ser evitado. Abaixo desse nível, aparece a rocha formadora do solo (Horizonte R).

Convém lembrar que a natureza dos solos varia de acordo com os diferentes tipos existentes. De forma geral, nem sempre apresentam o mesmo número de horizontes bem caracterizados, mas possuem, pelo menos, alguns deles.

Pode-se classificar, também, sumariamente, o solo em função do tamanho das partículas formadoras, da seguinte forma:

a) Arenosos – em que predominam as partículas maiores (areia). Possuem pequena capacidade de retenção de água e sua drenagem é intensa; geralmente, são considerados menos férteis.

b) **Silico-argilosos** – apresentam uma distribuição equitativa no tamanho de suas partículas, possuindo boa capacidade de retenção de água. É um solo fácil de ser trabalhado e considerado o mais recomendado para as atividades hortícolas e de jardinagem.

c) **Argilosos** – constituem-se de pequenas partículas e possuem grande capacidade de retenção de água. O trabalho nesses tipos de solo é considerado pesado, por apresentarem maior resistência à penetração e serem de drenagem difícil, tornando-se facilmente encharcados.

d) **Turfosos** – são solos que, independente do tamanho de seus grânulos, apresentam alto teor de matéria orgânica. São típicos das áreas baixas e várzeas situadas ao longo dos cursos d'água. Geralmente, apresentam coloração escura.

Saiba mais

A adubação com material orgânico, produto natural e muitas vezes proveniente do aproveitamento de resíduos, melhora a qualidade do solo, disponibilizando, por maior período de tempo, os nutrientes necessários para atender as necessidades das plantas. Além disso, complementa a adubação mineral, oferecendo condições para que a vegetação aproveite seus benefícios.

Modificações na estrutura do solo

A estrutura do solo pode ser modificada ou destruída por diversos fatores. Essa destruição faz com que ele perca suas qualidades fundamentais. Dentre as principais ocorrências, podem-se citar:

a) **Compactação** – resultante do pisoteio ou do trabalho excessivo de máquinas pesadas. Faz com que o solo perca sua capacidade de absorção de água, pela destruição de sua estrutura, diminuindo, também, a retenção da pouca quantidade de água infiltrada.

b) **Calor** – destrói a matéria orgânica e também a estrutura do solo, diminuindo a aeração e reduzindo sua capacidade de retenção de água.

c) **Trabalho** – os solos excessivamente trabalhados têm suas partículas subdivididas, perdendo, assim, suas qualidades. A adição de matéria orgânica pode recuperar terrenos com essas características.

d) **Erosão** – causada, principalmente, pelo impacto das gotas de chuva, que quebram as partículas do solo, permitindo que a enxurrada as carreguem, levando a camada superficial e expondo, assim, as chamadas inferiores, com menor fertilidade.

Solo em área de pastagem para o gado bastante afetado pela erosão

A degradação e a contaminação do solo

O solo é um componente fundamental dos ecossistemas e dos ciclos naturais, além de ser um importante reservatório de água, possibilitando a realização de atividades agrícolas e humanas e também servindo de depósito de resíduos produzidos.

Para manter as múltiplas capacidades de suporte dos sistemas naturais e agrícolas é fundamental que as características estruturais do solo permaneçam em equilíbrio com os diversos sistemas ecológicos. Esse condicionamento é ainda mais significativo quando o tipo de solo for frágil e pouco estável. Ele pode ser afetado também por degradação ou contaminação.

A degradação pode ocorrer por meio da *desertificação*, do uso de tecnologias agropecuárias inadequadas, da falta de conservação e da destruição da sua vegetação, pelo desmatamento ou pelas queimadas.

O que é?

DESERTIFICAÇÃO

É o processo que transforma áreas ambientalmente equilibradas, fazendo com que adquiram características de desertos.

O BRASIL PERDE 500 MILHÕES DE TONELADAS DE SOLOS POR ANO, DEVIDO À EROSÃO, CAUSADA, PRINCIPALMENTE, PELA REMOÇÃO DA VEGETAÇÃO EXISTENTE, OU PELO USO DE TÉCNICAS AGRÍCOLAS INADEQUADAS

Fonte: www.ambientebrasil.com.br. Acesso: 14/4/2008.

A remoção da cobertura florestal, os incêndios naturais ou provocados, o excesso de pastoreio e as inúmeras obras de urbanização que aceleram os processos erosivos têm prejudicado, ao longo dos anos, enormes áreas de solos cultivados. Com a realização de atividades agrícolas que não adotam as práticas conservacionistas e o uso indiscriminado de produtos químicos, destruíram-se muitos seres vivos importantes para a construção do solo, impedindo a sua regeneração.

Por outro lado, os produtos tóxicos acumulados nos solos podem permanecer ativos durante longos anos, e as plantas cultivadas nesses terrenos infectados podem absorvê-los. Assim se explica a eventual existência de pesticidas nos alimentos, como o leite e a carne, provenientes de animais que se alimentaram dessas plantas e cuja acumulação acaba por atingir o homem, que se encontra no final das cadeias alimentares.

O processo de contaminação pode ser definido como a adição ao solo de compostos, que podem modificar as suas características naturais e suas utilizações, produzindo efeitos negativos, constituindo-se em poluição.

A contaminação do solo está diretamente relacionada com o volume dos efluentes líquidos e sólidos nele lançados, e com a deposição de partículas sólidas, independentemente da sua origem. Dessa forma, é urgente o controle desses poluentes, conservando a integridade natural dos meios receptores: os recursos hídricos, os solos e a atmosfera. O estudo desse problema é recente, assim como a investigação e o desenvolvimento de processos e tecnologias de tratamento. Normalmente, os métodos adotados envolvem a descontaminação no local, fora do local, ou o seu isolamento.

As técnicas disponíveis exigem a extração do solo por escavação e a realização do tratamento no próprio local, ou em es-

O que é?

INTEMPERISMO

É o processo pelo qual as rochas da superfície terrestre são alteradas ou levadas a se desintegrar, pela ação do vento, da água, do clima, ou, ainda, por reações químicas ou biológicas, transformando-se em solo.

Fonte: www.geocities.com. Acesso: setembro/2008.

tações instaladas para essa finalidade. A seguir, ele é reposto no lugar de origem, ou enviado para outros usos.

Com a tecnologia hoje existente, parte dos solos contaminados ainda não pode ser devidamente cuidada, devido a vários problemas: emissões gasosas de alto risco, concentrações residuais inaceitavelmente elevadas, ou a produção de grandes quantidades de resíduos contaminados.

Além disso, alguns tipos de tratamentos envolvem elevados custos operacionais. Dos diferentes métodos de descontaminação do solo (biológicos ou não biológicos), apenas os biológicos e a incineração permitem a eliminação ambiental dos poluentes orgânicos, por meio da mineralização[2].

A água

A ciência demonstrou que a vida se originou na água e que ela constitui a matéria predominante dos organismos vivos. É impossível imaginar o mundo sem a sua presença, por exemplo, para beber e cozinhar, ou para a higiene do homem e do lugar em que vive. O precioso líquido é utilizado ainda na produção industrial, na irrigação das plantações, na geração de energia, na navegação e assim por diante.

A água ocupa 70% da superfície da Terra. A maior parte (97%) é salgada. Apenas 3% do total é água doce; desse volume, 0,01% vai para os cursos d'água, necessitando, na maioria dos casos, de tratamento prévio para ser utilizada. O restante

O BRASIL PRECISA INVESTIR MAIS DE R$ 41 BILHÕES NOS SISTEMAS DE PRODUÇÃO DE ÁGUA, COLETA DE ESGOTO E PROTEÇÃO DE MANANCIAIS SE QUISER ASSEGURAR O ABASTECIMENTO À POPULAÇÃO ATÉ 2015

Fonte: Agência Nacional de Águas – ANA (2009).

[2] Mineralização é o processo de transformação de matéria orgânica em substâncias inorgânicas, que ocorre no solo, geralmente de forma lenta, a partir do qual os nutrientes retirados pelas plantas retornam ao solo. Fonte: Empresa Brasileira de Pesquisa Agropecuária (Embrapa). Disponível em: sistemasdeproducao.cnptia.embrapa.br. Acesso: 19/1/2013.

Composição da água doce do planeta

Tipo	%
Rios, lagos, lagoas etc.	66,7
Águas subterrâneas	29,9
Calotas polares e geleiras	2,5
Outros	0,9

Fonte: BEI (2004).

está em geleiras, *icebergs*, ou em depósitos subterrâneos muito profundos. Dessa forma, apenas uma fração mínima pode ser potencialmente consumida.

Sabe-se que a cada instante, cerca de noventa mil quilômetros cúbicos de água doce circulam por rios e lagos, formando o grande ciclo hidrológico da Terra. É dessa água renovável, mas também imprevisível, distribuída de forma desigual, que depende toda a vida do planeta.

EXISTEM ATUALMENTE 1,2 BILHÃO DE PESSOAS NO MUNDO QUE JÁ SOFREM COM A FALTA DE ÁGUA

Fonte: Instituto Humanitas Unisinos (2012).

A escassez de água – que já castiga as populações em inúmeras regiões – é uma das principais ameaças para a humanidade nessas primeiras décadas do século XXI. A maior parte dos especialistas concorda que, se não houver uma atuação rigorosa para reverter a tendência de degradação dos recursos hídricos disponíveis, a água se tornará não somente rara como, também, cara.

A água e o homem

O ser humano é composto basicamente de água: ela está presente nos seus movimentos – como no simples piscar de olhos –, nas células, nos vasos sanguíneos e nos tecidos de sustentação. Em média, um homem possui aproximadamente 37 litros de água em seu corpo e necessita tomar, pelo menos, dois litros e meio do líquido por dia, para manter o bom estado de suas funções orgânicas.

O corpo depende da água e o organismo trabalha para manter constante o seu nível. Em caso de perda excessiva, aumenta a concentração de sódio no sangue e o corpo passa a reter mais água para diluir esse excesso: o cérebro coordena a produção de hormônios que provocam a sede. Se não beber água, o ser humano entra em processo de desidratação e pode morrer de sede em cerca de dois dias.

Composição da água

A água é composta por dois elementos químicos: Hidrogênio e Oxigênio, representados pela fórmula H_2O. Como substância, a água pura é incolor, não tem sabor nem cheiro. Quimicamente, nada se compara à água. É um composto de grande estabilidade, um solvente universal e uma fonte poderosa de energia química. A água é capaz de absorver e liberar mais calor que todas as demais substâncias comuns.

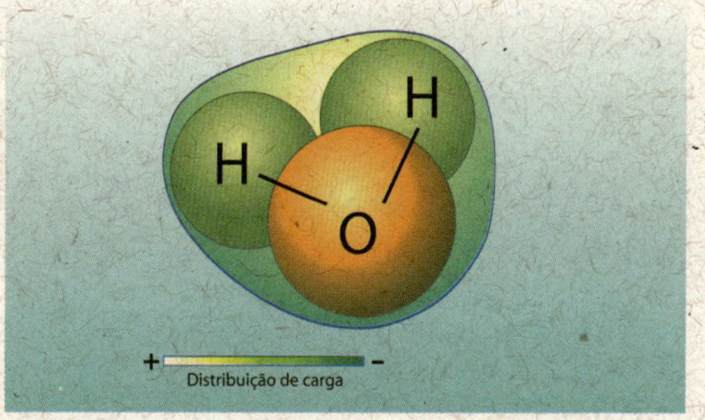

Molécula de água

Estados da água

A Terra está a uma distância do Sol que permite a existência dos três estados físicos da água: sólido, líquido e gasoso. Quando congelada, em vez de se retrair, como acontece com a maioria das substâncias, a água se expande e, assim, flutua sobre a parte líquida, por ter se tornado "mais leve". De acordo com leis da Física, isso não deveria acontecer. Por causa dessa propriedade incomum da água, os rios, lagos e oceanos, ao congelarem, formam uma camada de gelo na superfície, enquanto o fundo permanece líquido.

O ciclo da água

A água desenvolve um ciclo que representa o caminho percorrido por ela. O processo, basicamente, resulta da sua eva-

A dinâmica do ciclo da água

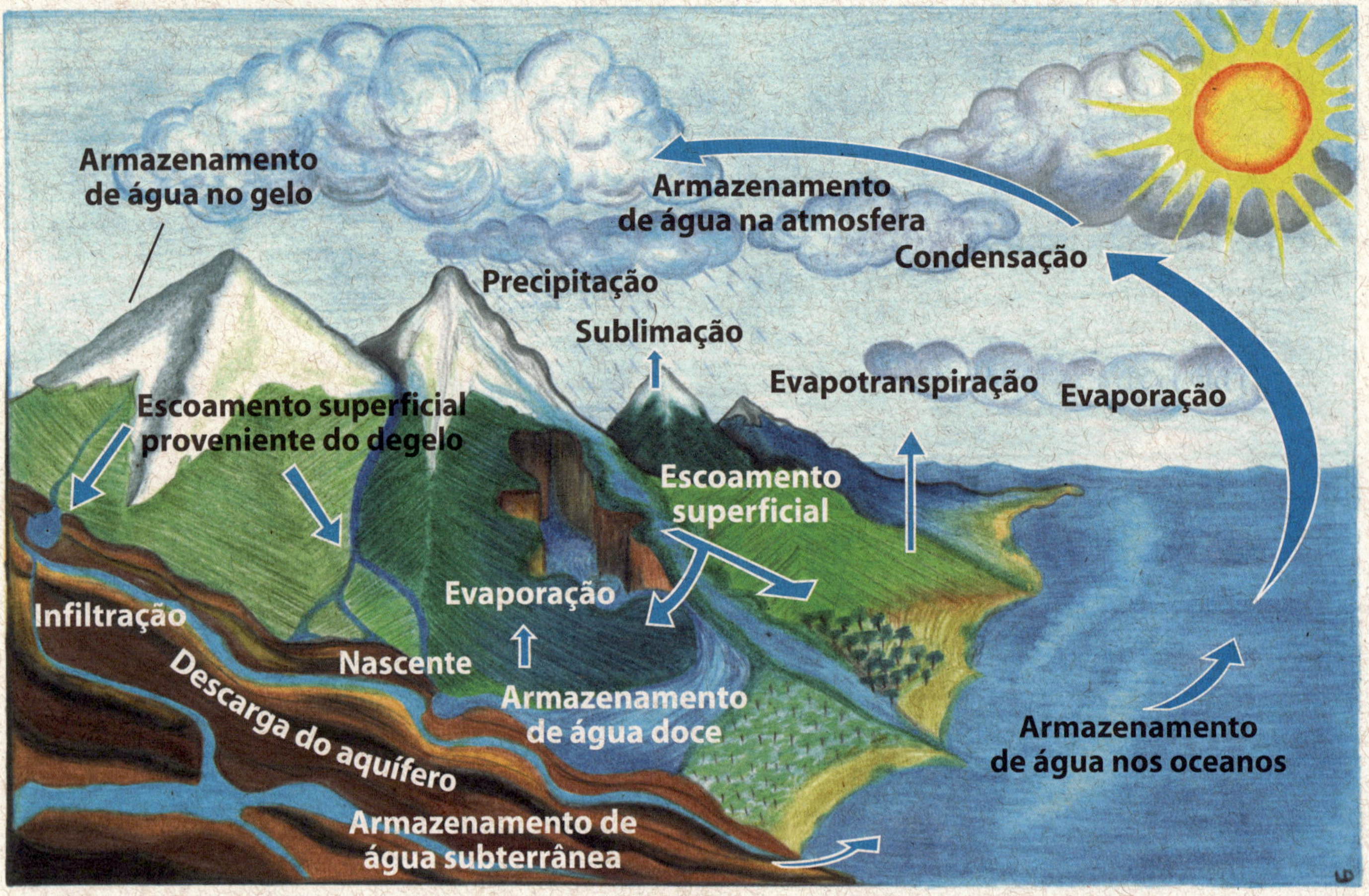

Fonte: *US Department of the Interior/U.S. Geological Survey* (adaptação). Disponível em: http://gaiwater.usgs.gov. Acesso: 21/1/2013.

poração nos lagos, nos rios e nos oceanos, formando as nuvens; quando carregadas, elas devolvem a água para a Terra, na forma de chuvas. Assim, a água penetra no solo e alimenta as nascentes dos rios e os reservatórios subterrâneos. Quando cai nos oceanos, mistura-se às águas salgadas e volta a evaporar, possibilitando a ocorrência de novas chuvas.

Distribuição da água

A quantidade de água existente no planeta não aumenta nem diminui. Acredita-se que seja praticamente a mesma de três bilhões de anos atrás. Sua abundância, no entanto, é relativa. É preciso levar em conta os volumes estimados acumulados e o tempo médio que ela permanece nos ambientes terrestres. Isso ocorre porque o ciclo da água se sucede infinitamente.

Evaporação da água

Precipitação da água

Fonte: Portal São Francisco (adaptação), s/d.

Desde que o homem passou a viver em sociedades organizadas e reconheceu a importância de controlar a disponibilidade de água potável, surgiram as primeiras tentativas de modificar o ambiente natural. O desenvolvimento de certas atividades, tais como a agricultura e a urbanização, sempre esteve ligado ao controle da água.

As culturas do antigo Egito, China, Índia e Mesopotâmia eram chamadas de civilizações "hidráulicas", pois sua ascensão e queda estão intimamente ligadas aos usos e abusos da água. O mesmo acontece com a sociedade atual. Todo o progresso das regiões urbanizadas e rurais define-se pela disponibilidade das águas doces, ou seja, de sua quantidade e de sua qualidade.

O crescimento demográfico, a concentração cada vez maior da população nas grandes cidades, o desenvolvimento industrial e a agricultura intensiva resultam em expressivo aumento do consumo de água, tornando-a um bem natural bastante ameaçado.

Para agravar ainda mais a situação, a parcela de água disponível está irregularmente distribuída do ponto de vista geográfico. É escassa em algumas regiões do mundo, como a África, o Oriente Médio, o oeste da América do Sul, e até em parte da América do Norte. Por exemplo, cerca de 70% do abastecimento da cidade de Miami, nos Estados Unidos, é feito com água salgada, exigindo a utilização de processos muito caros de dessalinização.

A ÁGUA FAZ PARTE DO PATRIMÔNIO DO PLANETA. CADA CONTINENTE, CADA POVO, CADA CIDADÃO É PLENAMENTE RESPONSÁVEL AOS OLHOS DE TODOS

Declaração Universal dos Direitos da Água, Organização das Nações Unidas, 1992.

Tipos de usos da água

USOS CONSUMPTIVOS A extração da água é realizada para o consumo e não retorna ao local de origem	• **Agrário:** para o consumo agrícola (irrigação). As necessidades dependem diretamente do clima, do tipo de solo e dos cultivos de cada região • **Pecuário:** para a alimentação dos animais e para o seu manejo (limpeza, refrigeração e umectação ambiental) • **Urbano:** para o abastecimento de água em residências, escritórios, serviços públicos etc. • **Industrial:** como matéria-prima para o processamento de produtos (limpeza, refrigeração, via de escoamento etc.) • **Mineração:** para a separação de determinados materiais das rochas às quais pertencem
USOS NÃO CONSUMPTIVOS Utilização da água para outros fins que não sejam o consumo, em que permanece ou é devolvida ao lugar de origem	• **Energético:** produção de energia elétrica (hidrelétrica) • **Navegação:** transporte de pessoas e mercadorias por rios e mares • **Recreação:** desenvolvimento de atividades de lazer e esportivas • **Pesca:** extração de peixes e de outros animais para fins comerciais e de subsistência

Fonte: Enciclopédia do Estudante (2008).

Saiba mais

Em julho de 2008, uma revisão das dimensões dos cursos d´água do planeta colocou o rio Amazonas como o maior do mundo, com 6 992 quilômetros, ultrapassando o Nilo, no Egito, com 6 852 km. O Amazonas é também o maior rio em volume de água.

A água no Brasil

O Brasil está em situação relativamente privilegiada, porque abriga, em seu território, mais de 10% da água doce do mundo. Como ocorre em outros lugares, no entanto, ela também está mal distribuída geograficamente. A Amazônia, por exemplo, que abriga a maior bacia fluvial do mundo, é, também, uma das regiões menos habitadas do Brasil.

Em contrapartida, as maiores concentrações populacionais do país encontram-se nas capitais, distantes dos grandes rios brasileiros, como o Amazonas, o São Francisco e o Paraná. No Nordeste, a falta d'água por longos períodos contribui para o abandono das terras e para a migração de muitas famílias para os grandes centros urbanos, como São Paulo e Rio de Janeiro, agravando ainda mais o problema da escassez de água nas grandes cidades.

Distribuição dos recursos hídricos no Brasil

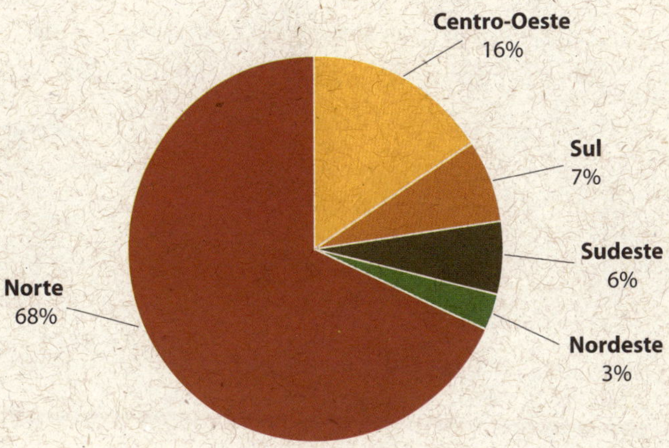

Em áreas urbanas, a vegetação que cresce à beira de rios e de lagos, conhecida como mata ciliar ou de galeria, é normalmente eliminada. Ela ajuda a manter a integridade das margens para que não desbarranquem: quando as plantas são removidas, o solo fica exposto à chuva e ao vento e, com frequência, é arrastado para o corpo d'água. Esse acúmulo de sedimentos no fundo dos rios é conhecido como assoreamento. O fenômeno torna o rio mais raso e com menor capacidade de escoamento da água.

As regiões mais populosas e industrializadas, por sua vez, são as que apresentam menor disponibilidade de recursos hídricos. A cidade de São Paulo, por exemplo, enfrenta períodos de racionamento, motivado por estiagens prolongadas, que se agravam com a incorreta preservação de mananciais e com o desperdício. Boa parte dos reservatórios superficiais de água apresenta problemas de poluição, que podem se tornar mais sérios, se não forem adotadas rapidamente medidas corretivas.

Além disso, muitos rios e lagos brasileiros estão comprometidos pela queda de qualidade da água disponível para captação e tratamento. Na região amazônica e no Pantanal, por exemplo, rios como o Madeira, o Cuiabá e o Paraguai já apresentam contaminação pelo mercúrio, metal utilizado no garimpo clandestino. Nas áreas agricultáveis, a qualidade é prejudicada pelo uso indiscriminado de agrotóxicos e de fertilizantes; e nas grandes cidades, o grande problema é o despejo de resíduos domésticos e industriais.

Saiba mais

Acredita-se que o aquífero* Guarani seja a maior reserva subterrânea de água doce do planeta. Essa formação está aprisionada em espaços existentes em grandes depósitos arenosos na bacia sedimentar do Paraná, recobertos por espessas camadas de rochas basálticas, constituindo uma capa protetora. Com mais de 1,2 milhão de km^2, localiza-se no subsolo do Brasil, mas estende-se também pelo Uruguai, Argentina e Paraguai.

* Aquífero é um grupo de rochas porosas e permeáveis, capazes de reter e ceder água. O seu reabastecimento é realizado principalmente pelas chuvas, nos pontos em que a água chega à superfície e a sua exploração é feita em fontes naturais, ou por meio de poços tubulares, perfurados no local para atingi-lo em profundidade. Fonte: www.unb.br. Acesso: 21/1/2013.

Curso d'água existente na Mata Atlântica, no estado do Paraná

Devido ao fenômeno da concentração urbana, as cidades invadiram as áreas de mananciais, afetando sua qualidade. Esse é um dos fatores que obriga o país a adotar um sistema nacional de recursos hídricos, com gestão integrada, tendo a bacia hidrográfica como unidade de gerenciamento.

Segundo a Agência Nacional de Águas, o país reúne doze bacias hidrográficas: Amazônica; Atlântico Nordeste Oriental; Atlântico Nordeste Ocidental; Atlântico Leste; Atlântico Sudeste; Atlântico Sul; São Francisco; Parnaíba; Tocantins-Araguaia; Uruguai; Paraguai; Paraná.

Bacia hidrográfica: unidade de planejamento

Entende-se por bacia hidrográfica o conjunto de terras drenadas por um rio principal, por seus afluentes e subafluentes. A ideia está associada à noção da existência de nascentes, divisores de águas e das características dos cursos de água (principais e secundários). Esse conceito evidencia a hierarquização dos rios, ou seja, a organização natural, por ordem de menor volume para os mais caudalosos, que vai das partes mais altas para as mais baixas do terreno.

As bacias podem ser classificadas de acordo com sua importância, como principais (as que abrigam os rios de maior porte), secundárias e terciárias; e segundo sua localização, como litorâneas ou interiores.

A bacia hidrográfica é considerada um sistema ecológico, que abrange todos os organismos que funcionam em conjunto em uma determinada área. O objetivo dessa conceituação é entender como os recursos naturais estão interligados e são dependentes. Por exemplo, quando o curso de um rio é utilizado para levar esgotos para longe de uma determinada área, acaba por poluir outra. Da mesma forma, a impermeabilização[3] do solo em uma região provoca o escoamento de águas para outra, que passa a sofrer com enchentes.

Diante de problemas como esses, especialistas decidiram que os limites geográficos para trabalhar o equilíbrio ecológico têm de ser o da bacia hidrográfica, ou seja, a área de superfície ter-

Imagem de um trecho da bacia hidrográfica da região amazônica captada pelo programa Google Earth

[3] Impermeabilização: Perda da capacidade de infiltração da água no solo, causada, principalmente, pela ausência de vegetação, que reduz sua capacidade de retenção. Fonte: Portal São Francisco, s/d.

restre em que as águas superficiais de um rio e seus efluentes convergem para um rio principal, pela força da gravidade. Dessa forma, não se considera mais as divisões políticas estabelecidas pela sociedade, como as fronteiras entre municípios, estados e países, pois essas divisões não comportam a dinâmica da natureza. Acredita-se que, assim, podem-se minimizar problemas como poluição, escassez e conflitos decorrentes do uso da água[4].

A necessidade de promover a recuperação ambiental e a manutenção dos recursos naturais, principalmente da água, fez com que, a partir da década de 1970, o conceito de bacia hidrográfica passasse a ser difundido e consolidado no mundo. No Brasil, foi aplicado, inicialmente, na região metropolitana de São Paulo, em 1976, com a criação do Comitê firmado entre o governo estadual e o Ministério das Minas e Energia. Na política nacional, a bacia hidrográfica transformou-se em unidade básica pela Lei n. 9433, de 1997.

Saiba mais

Muitos cursos d´água foram canalizados nas cidades, trazendo problemas de inundações e alagamentos. A renaturalização dos rios e córregos busca resgatar seus valores simbólicos, ecológicos e paisagísticos, apresentando alternativas e valorizando os espaços urbanos, como a preservação de suas margens, transformando-os em locais agradáveis e atrativos.

Fonte: www.manuelzao.ufmg.br. Acesso: 4/10/2008.

As alterações na bacia hidrográfica

O homem modifica as características da bacia hidrográfica, principalmente quando suprime a cobertura vegetal e implanta obras que impermeabilizam o solo, como a construção de prédios, pavimentação de ruas, de quintais etc. Assim, avolumam-se as águas que chegarão aos rios e, portanto, os prejuízos com as enchentes também serão maiores. Para evitá-las, é preciso, primeiramente, não ocupar as áreas de inundação. Não se deve também alterar – ou, pelo menos, modificar o menos possível – as características físicas da bacia hidrográfica.

Daí decorre a necessidade da criação de mecanismos para a contenção de cheias, como a construção de barragens, reservatórios e diques para proteção de áreas de riscos, além de executar obras de engenharia, como o desassoreamento[5] dos rios e a ampliação de seus leitos. Tais medidas têm uma característica comum: embora eficientes, são extremamente onerosas para a sociedade. Além disso, sempre poderão ocorrer chuvas que provocarão inundações maiores do que aquelas para as quais tais obras foram projetadas.

[4] Fonte: www.movimentocyan.com.br. Acesso: 24/1/2013.

[5] Desassoreamento: desobstrução de um rio, canal ou estuário, com a remoção da areia ou de outros sedimentos. Fonte: Portal São Francisco, s/d.

O salto do rio Piracicaba na época da cheia, que pertence à bacia do Piracicaba, cujas águas abastecem também a região metropolitana de São Paulo

Deve-se lembrar que as enchentes não são sinônimo de catástrofe, e sim um fenômeno natural dos regimes dos rios, que sempre possuem uma área natural de inundação. Torna-se um problema quando o homem deixa de respeitar esses limites naturais, por exemplo, removendo as várzeas e edificando nas proximidades das suas margens. Ou, também, ao alterar o ambiente, modificando a magnitude e o regime das enchentes, por meio do desmatamento e da impermeabilização do solo.

Qualidade da água

Não existe água pura na natureza, devido à sua capacidade de dissolver quase todos os elementos e compostos químicos. Aquela proveniente de rios ou de poços profundos contém várias substâncias dissolvidas, como o magnésio, o cálcio, o zinco e elementos radioativos.

Dependendo do grau de concentração desses elementos, a água pode ser ou não nociva aos humanos. Para ser saudável, ela não pode conter substâncias tóxicas, vírus, bactérias ou parasitas. Quando não tratada adequadamente, pode se tornar um importante veículo de transmissão de doenças, principalmente as do aparelho intestinal, como cólera, amebíase, disenteria bacilar, esquistossomose, febre tifoide e hepatite infecciosa, entre outras.

A água é considerada poluída quando está impregnada de contaminantes, tornando-se imprópria para o consumo estritamente humano, ou então quando sofre uma radical perda de capacidade de sustento de comunidades bióticas (capacidade de abrigar peixes, por exemplo). Fenômenos naturais, como erupções vulcânicas, ocorrência de algas marinhas, tempestades e terremotos também causam alterações na sua qualidade[6].

Alguns problemas relacionados à água

a) Redução do volume de água destinada ao abastecimento público;

b) Contaminação: pode ocorrer pela falta de saneamento básico, deposição de lixo, de agrotóxicos e de outros materiais. A proliferação de micro-organismos diminui a quantidade de oxigênio na água, levando peixes e plantas aquáticas à morte. Esse tipo de dano ambiental provoca graves doenças nas pessoas e nos animais;

c) Eutroficação: processo que consiste no desenvolvimento excessivo de algas, devido a grandes quantidades de nutrientes na água, particularmente fosfatos. Quando elas morrem, sua degradação microbiológica consome grande parte do oxigênio dissolvido na água, comprometendo o desenvolvimento da vida aquática. É possível restaurar sua qualidade nos lagos, mas o processo é demorado e caro;

d) Acidificação: o aumento da acidez da água doce conduz à perda de organismos aquáticos;

e) Salinização: processo irreversível de aumento da concentração de sal nos aquíferos, que deixa a água imprópria

[6] http://www.infoescola.com/ecologia/poluicao-da-agua. Acesso: 29/1/2013.

para o consumo humano. O teor máximo desse elemento é de 250 mg/L, de acordo com a recomendação da Organização Mundial da Saúde (OMS);

f) Problemas de relocação de grupos de pessoas: em casos de escassez aguda e crônica de água, pode ocorrer o êxodo de populações que, muitas vezes, migram para os grandes centros urbanos, aumentando ainda mais a demanda, como o caso dos retirantes do Nordeste brasileiro;

g) Poluição: o lançamento de resíduos sólidos e líquidos nos corpos d'água pode modificar o ciclo de vida de espécies ou causar sua morte. Alguns fatores que contribuem para isso são: o aumento da turbidez[7], por dificultar a visibilidade de alguns organismos, tornando-os muito vulneráveis aos ataques daqueles que possuem uma visão mais aguçada. O lançamento de efluentes com temperatura elevada nos corpos d'água também pode causar a morte de várias espécies.

Ações em favor da água

Os corpos d'água podem ser considerados entes vivos. Eles conseguem se recuperar, quando alterados, mas dentro de um limite. Dessa forma, é muito importante a conscientização da população de que é preciso disciplinar os usos e a ocupação do solo nas bacias hidrográficas, principalmente, quando os cursos d'água são responsáveis pelo abastecimento da população.

A proteção dos mananciais e a recuperação daqueles já prejudicados são formas de conservar a água. Isso apenas não basta. É preciso fazer muito mais. Cada um de nós deve usar a água com mais economia. Eis algumas ações que contribuem para a preservação desse bem natural tão precioso:

a) Racionalização do uso agrícola: o desperdício de água nessa atividade é muito grande. Utiliza-se efetivamente apenas 40% da água captada: o restante se perde pelo emprego de técnicas inadequadas ou, ainda, pela falta de manutenção nos sistemas de irrigação. Muitas vezes, a água é aplicada em excesso, fora do período de necessi-

Saiba mais

Rios "voadores" são correntes de ar que carregam a umidade e o vapor d'água da Amazônia para as regiões Centro-Oeste, Sudeste e Sul do Brasil. Desde 2007, os cientistas estudam esse fenômeno, verificando como o desmatamento da Amazônia, a emissão de gases de efeito estufa e as mudanças climáticas globais poderão alterar a formação dessas correntes atmosféricas, e as eventuais interferências nas atividades agropecuárias, no funcionamento das hidrelétricas e no abastecimento de água das populações dos grandes cidades.

Fonte: Fujihara e outros (2010).

7 A turbidez na água é a presença de partículas de sujeira, barro e areia, que alteram seu aspecto cristalino, deixando-a com uma aparência túrbida e opaca. Fonte: Portal São Francisco, s/d.

Grande parte das reservas de água do planeta direciona-se para a agricultura, cujo uso exige maior economia e racionalização. Na foto, horta irrigada no município de Sumaré (SP)

dade das plantas, ou em horários ao longo do dia em que ocorre maior evaporação;

b) **Racionalização do uso na indústria**: é necessário desenvolver formas mais econômicas de utilização da água nas empresas, quer pela diminuição do consumo direto, quer pela adoção de processos de produção mais eficientes, que, muitas vezes, contemplam o seu reuso ou a sua recirculação;

c) **Racionalização nos sistemas de abastecimento:** uma quantidade significativa da água tratada – 15% ou mais – perde-se em vazamentos nas canalizações das redes de distribuição e também no interior das residências;

d) **Conscientização da população:** o crescente agravamento da falta de água tem levado as pessoas a uma nova forma de pensar e agir, inclusive, mudando seus hábitos, usos e costumes, com relação a esse problema. Essa conscientização busca o crescimento econômico e social, e respeita, ao mesmo tempo, a capacidade de renovação dos recursos naturais, principalmente da água.

A população pode fazer a sua parte, conservando a água, principalmente nas regiões que já apresentam problemas de abastecimento. Isto significa usar esse recurso essencial, considerando-o uma prioridade social e ambiental.

Dessa forma, é importante a mudança de hábitos, como consumir a água no momento em que ela está disponível; evitar vazamentos; regar jardins e plantas na parte da manhã ou no final da tarde, quando as perdas são menores; lavar carros apenas eventualmente; evitar a lavagem de calçadas, apenas varrê-las; instalar válvulas de descarga mais econômicas nos vasos sanitários; e, finalmente, não deixar as torneiras abertas sem necessidade.

ATIVIDADE (estimativa de tempo médio gasto)	CONSUMO MÉDIO (valor médio em litros)
Lavar as mãos	7
Fazer a barba	75
Escovar os dentes	18
Tomar banho (15 minutos)	144
Lavar a louça (15 minutos)	243
Regar o jardim (10 minutos)	186
Lavar a calçada (15 minutos)	279
Lavar o carro (30 minutos)	388

Fonte: Companhia de Saneamento Básico do Estado de São Paulo (Sabesp). Disponível em www.sabesp.com.br. Acesso: 29/1/2013.

DE ACORDO COM A ORGANIZAÇÃO DAS NAÇÕES UNIDAS, CADA PESSOA NECESSITA DE 110 LITROS DE ÁGUA POR DIA, APROXIMADAMENTE, PARA ATENDER ÀS NECESSIDADES DE CONSUMO E HIGIENE. NO BRASIL, PORÉM, O CONSUMO INDIVIDUAL PODE CHEGAR A MAIS DE 200 LITROS POR DIA

Fonte: Companhia de Saneamento Básico do Estado de São Paulo (Sabesp). Disponível em www.sabesp.com.br. Acesso: 29/1/2013.

Economia e reuso da água

Muitos especialistas estão estudando atualmente formas de reduzir o consumo de água. Algumas alternativas analisadas são:

a) **Aproveitamento da água de chuva** – é uma proposta muito interessante, pois as águas pluviais, acumuladas e tratadas, em regiões com elevado índice pluviométrico, poderiam suprir grande parte da demanda de uma residência. Essa alternativa, porém, não tem aplicação imediata para a população urbana, devido ao alto custo e à falta de espaço para a construção de cisternas. Além disso, exige o controle das primeiras águas de chuva coletadas, resultado da lavagem da poluição aérea e da sujeira acumulada nos telhados;

Curso d'água no interior de mata no município de Passa Quatro (MG)

b) **Reuso da água presente nos esgotos** – é projeto aplicado em nível mundial, inclusive no Brasil. Um esgoto tratado, a ponto de ser devolvido aos rios e aos aquíferos pode ser também ser empregado na limpeza de ruas, na irrigação de parques públicos e nas indústrias. Nas residências, essa água pode ser usada na higienização de vasos sanitários, na rega de jardins e na lavagem de veículos, podendo substituir até 40% da água potável de consumo doméstico. Em grande escala, as empresas distribuidoras, porém, não possuem condições de oferecê-la ao usuário final, pois isso representaria a instalação de mais um sistema, paralelo à rede de abastecimento de água potável. Existe, no entanto, a possibilidade de ser aplicada em pequenas comunidades;

c) **Reuso da água originada nos banhos familiares** – esta alternativa pode diminuir em até 30% o consumo residencial, sem aplicação de tecnologias complexas e sem perigos para a saúde do usuário. Essa água, denominada de *greywater* (água cinza) pode ser reutilizada, por exemplo, nas descargas de vasos sanitários.

A água e as florestas

O papel das florestas na produção de água de boa qualidade tem sido muito estudado nos últimos anos e os especialistas são unânimes em afirmar que elas representam uma excelente cobertura protetora para a superfície do solo, atenuando o impacto das gotas de chuva, além de impedir a ocorrência de processos erosivos e o consequente assoreamento dos cursos d'água. Ao mesmo tempo, as florestas fornecem a matéria orgânica necessária para proteger e melhorar as condições hidrológicas dos terrenos, controlando os processos de infiltração, percolação e armazenamento de água no solo, e diminuindo o escoamento superficial, que provoca a erosão.

As áreas florestadas também possibilitam o aumento da produção de água nos mananciais e proporcionam a melhoria de sua qualidade. Elas "regulam" a transferência de água entre os vários compartimentos do sistema, por meio de processos de interceptação da água das chuvas e da evapotranspiração[8].

O *ar*

Conceituação e componentes

O ar é uma mistura de gases constituída de nitrogênio, N_2 (75%); oxigênio, O_2 (20%); gás carbônico, CO_2 (4%); e outros gases (1%). Respirá-lo é essencial para as plantas e para os animais.

O desenvolvimento industrial e urbano tem originado em todo o mundo o aumento crescente da emissão de poluentes na atmosfera. O acréscimo das concentrações dessas substâncias, a sua deposição no solo, nos vegetais e nos materiais pode ocasionar problemas de saúde nos homens e nos animais, e também a redução da produção agrícola, danos nas florestas, a degradação de construções e obras de arte. De forma geral, origina desequilíbrios nos ecossistemas naturais.

[8] Evapotranspiração é o processo natural realizado por vegetais, pelo qual perdem água para o ambiente, aumentando, assim, a umidade do ar e tornando as chuvas mais constantes.

A destruição da camada de ozônio

A destruição da camada de ozônio que envolve o planeta é um dos mais graves problemas ambientais da atualidade. Mesmo que seja ainda parcial, vem possibilitando a passagem direta dos raios solares nocivos aos homens, aos animais e às plantas.

O problema surgiu na década de 1930, com a produção artificial de algumas substâncias em laboratório, principalmente, destinadas à refrigeração. Descobriu-se, mais tarde, que elas atacavam a camada de ozônio, com a tendência de reduzi-la globalmente, e com um efeito devastador. O fenômeno ocorre de forma pontual na Antártida e é conhecido como o "buraco de ozônio da Antártida": ele está aumentando ao longo do tempo, permitindo a penetração cada vez maior dos raios ultravioleta indesejáveis[9].

Durante a década de 1980, iniciaram-se as primeiras ações para reverter esse problema e uma das grandes conquistas foi a assinatura do Protocolo de Montreal, em 1987. Na oportunidade, diversos países concordaram que as substâncias conhecidas por CFC (clorofluorcarbonetos), responsáveis pela destruição da camada de ozônio, não seriam mais produzidas em massa.

O trabalho de conscientização prosseguiu nos anos seguintes, em nível mundial, apresentando alguns avanços. No final de 1999, os cientistas se reuniram em Pequim, na China, para avaliar a questão. Constatou-se que, apesar dos esforços, muitos países, principalmente os menos desenvolvidos, ainda não haviam conseguido eliminar as substâncias nocivas à camada de ozônio dos processos industriais. Foi concedido novo prazo para eliminação total dos gases: o ano de 2010. A Índia e a China são, atualmente, os maiores produtores e consumidores dos gases do tipo CFC.

A camada de ozônio está reagindo muito lentamente aos estímulos externos, apesar da diminuição da emissão de novas quantidades de CFC para a atmosfera, desde 1987. Atualmente, o monitoramento é feito em todo o mundo, utilizando técnicas diversas.

Saiba mais

Pelos menos cinco espécies de pinguins estão ameaçadas de extinção. As causas são as mudanças climáticas, que alteraram a temperatura das águas dos oceanos, tornando-as mais quentes, dificultando a propagação dos *krills*, uma das principais fontes alimentares dos pinguins.

Fonte: Instituto Carbono Brasil (2/4/2011). Disponível em www.institutocarbonobrasil.org.br. Acesso em: 7/2/2013.

---

9 Ao atingir a pele dos humanos, os raios ultravioleta (UV) penetram profundamente e desencadeiam reações imediatas, como as queimaduras solares, as fotoalergias e o bronzeamento. Provocam, também, reações tardias, devido ao efeito acumulativo da radiação durante a vida, causando o envelhecimento cutâneo e as alterações celulares que, por meio de mutações genéticas, predispõem ao câncer da pele. Fonte: http://www.dermatologia.net. Acesso: 29/1/2013.

Buraco detectado na camada de ozônio que envolve a Terra

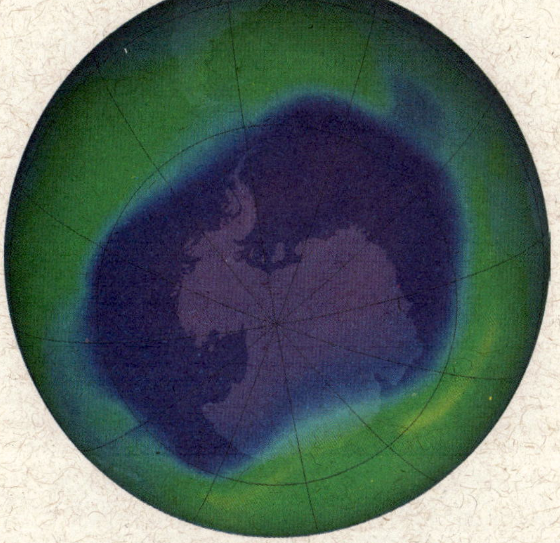

Fonte: NASA,2006. Disponível em: www.nasa.gov. Acesso em 6/10/2009.

Alguns cientistas, no entanto, acreditam que os maiores buracos na camada de ozônio ainda serão vistos nos próximos vinte anos, porque, segundo eles, a destruição está mais relacionada com a atividade solar do que propriamente com a emissão dos gases do tipo CFC, usados em abundância na década de 1970 em geladeiras e em alguns tipos de embalagem, como os tubos de *spray*.

O efeito estufa: aquecimento global

O efeito estufa é um fenômeno natural do planeta Terra, que contribui para torná-la habitável. Ocorre quando o dióxido de carbono e outros gases acumulam-se na atmosfera e retêm o calor do Sol, funcionando como os vidros de uma enorme estufa. Esse fenômeno intensificou-se, porém, nos últimos 200 anos, devido ao crescimento econômico global, que exigiu o uso intensivo do solo (agropecuária e desmatamento) e o aumento da queima dos combustíveis fósseis. Esses gases não se dissipam e bloqueiam a difusão do calor da superfície da Terra para o espaço, provocando o aquecimento global. Segundo a teoria normalmente aceita, a Terra ficou cerca de 0,75°C mais quente durante o século XX.

O temor pelas consequências desse fenômeno é plenamente justificável: sabe-se que o equilíbrio biológico no planeta é mui-

O RELATÓRIO DO PAINEL INTER-GOVERNAMENTAL DA MUDANÇA CLIMÁTICA (2007) ADVERTE QUE 20% A 30% DAS ESPÉCIES DE ANIMAIS E PLANTAS ESTÃO COM MAIOR RISCO DE EXTINÇÃO SE AS TEMPERATURAS MÉDIAS GLOBAIS AUMENTAREM MAIS DO QUE MAIS DO QUE 2°C ACIMA DA MÉDIA DOS ANOS 1980 E 1990

Fonte: http://www1.folha.uol.com.br. Acesso: 29/1/2013.

DE ACORDO COM O PAINEL INTERGOVERNAMENTAL DAS MUDANÇAS CLIMÁTICAS (IPCC, 2007), O MUNDO PRECISA REDUZIR ENTRE 50% E 85% AS EMISSÕES DE GASES DO EFEITO ESTUFA ATÉ 2050, EM RELAÇÃO A 1990, PARA EVITAR QUE A TEMPERATURA DO PLANETA SUBA MAIS DE 2 GRAUS *CELSIUS*, O QUE SERIA DESASTROSO PARA A HUMANIDADE

Fonte: Samuel Vidal, 2007.

to frágil. No período pré-histórico, uma redução de pelo menos cinco graus *Celsius* na temperatura média da Terra provocou uma série de eras glaciais, ocasionando o desaparecimento de inúmeras espécies. De acordo com as previsões de especialistas, se a descarga de gases responsáveis pelo aquecimento global na atmosfera continuar nesse ritmo, na metade do século XXI, as temperaturas médias da Terra devem se elevar entre 1,5 a 4,5 graus *Celsius*. Como resultado, poderá haver mudanças nos padrões meteorológicos, ocorrendo secas em áreas atualmente produtivas, e fortes chuvas nos solos frágeis dos desertos, que não terão como enfrentá-las.

À medida que ocorrer o derretimento das calotas polares e o aquecimento da água dos oceanos, seu nível deve aumentar, inundando as áreas litorâneas mais baixas e muitas ilhas. Nesse cenário, poderá haver grandes mudanças na agricultura, nos recursos hídricos, na pesca, no uso da energia e na vida das cidades litorâneas, devendo, também, acelerar a extinção de inúmeras espécies de plantas e animais que não se adaptarem ao novo ambiente.

Recentemente, pesquisadores de vários países, procurando prever as alterações climáticas, estudaram os episódios de aquecimento ocorridos durante a última glaciação, com base em amostras de gelo retiradas nas regiões do Ártico e da Antártida. Eles concluíram que os oceanos atuam como canais de circulação de calor do planeta e que o aquecimento global aconteceu primeiramente no hemisfério Sul. As conclusões desse trabalho, no entanto, precisam ser encaradas com cautela, porque se referem à última era glacial, não permitindo comparações diretas com a época atual.

Existe certo consenso[10] que o acúmulo de gases começou com o advento da Revolução Industrial, no século XIX. Quanto mais intensa a atividade industrial, maior o lançamento dos gases na atmosfera. Os problemas, porém, começaram a se manifestar somente nos últimos anos, porque tais gases ten-

[10] Alguns cientistas consideram as mudanças climáticas como fenômenos naturais que ocorrem há milhões de anos e contra os quais a humanidade pouco pode fazer, no seu atual estágio de conhecimento, além de entender melhor a sua dinâmica. Para eles, não existe vinculação entre o uso de combustíveis de origem fóssil e os aumentos das temperaturas globais. Acreditam que o alarmismo da comunidade científica é infundado, promovido por interesses políticos e econômicos. Para saber mais sobre esse assunto, pode-se consultar o livro *A fraude do aquecimento global*, de Geraldo Luís Lino (Editora Capax Dei, Rio de Janeiro, 2009).

dem a se acumular, dificultando a dissipação do calor para o espaço. O grande responsável é o dióxido de carbono (CO_2), responsável por 70% das emissões, mas também são prejudiciais o gás metano e o óxido nitroso (N_2O).

O dilema é que, pela primeira vez na História, os seres humanos influenciam nas condições ambientais de todo o planeta, e não só nas de uma região localizada. O maior obstáculo para reduzir a produção dos gases que causam o efeito estufa é a natureza difusa das atividades responsáveis pelo problema: desflorestamento, geração de energia, atividades industriais e agrícolas.

Na busca de soluções, os cientistas recomendam a adoção de uma política de maior eficiência energética, procurando combinar uma série de esforços para conservar e reduzir o consumo de combustíveis fósseis, mantendo-se os níveis atuais da emissão de dióxido de carbono, pelo menos, nos próximos cem anos.

Além disso, deve-se investir mais nas pesquisas de fontes energéticas alternativas, como a energia solar, eólica, geotérmica, incluindo a realização de mudanças tecnológicas na energia nuclear para torná-la mais segura. O aumento do uso do gás natural é outra medida benéfica, pois, sendo mais abundante e menos poluente do que o petróleo, poderia substituí-lo com vantagem. Finalmente, é preciso não só reduzir a derrubada de florestas, mas também incentivar o seu plantio em todo o mundo. Elas funcionam, na verdade, como verdadeiras "esponjas", absorvendo o dióxido de carbono e removendo-o da atmosfera.

TENTAMOS PROTEGER A ÁRVORE, ESQUECIDOS DE QUE É ELA QUE NOS PROTEGE

Carlos Drummond de Andrade (1902-1987), poeta brasileiro.

As dificuldades para se colocar essas ideias em prática são enormes. De acordo com o Protocolo de Quioto, assinado pela comunidade internacional no Japão em 1997, as emissões dos poluentes considerados causadores do aquecimento global deveriam, entre 2008 e 2012, ser reduzidas em 5,2% em média, em relação aos níveis de 1990. O custo dessa operação foi estimado entre 10 e 50 bilhões de dólares e deveria ser assumido principalmente pelos países desenvolvidos.

Esse protocolo só entrou em vigor com a adesão da Rússia, em outubro de 2004, quando se obteve o aval, de, pelo menos, metade dos países (55) responsáveis pelas emissões dos gases do efeito estufa (GEEs). A proposta foi rejeitada pela Austrália e pelos Estados Unidos. Este último respondia sozinho por 36% das emissões em 1999 e, sem conseguir as alterações no documento, retirou-se definitivamente das negociações em 2001[11]. Atualmente, porém, esse quadro mudou: a China é quem lidera as emissões de gases nocivos na atmosfera, seguida dos Estados Unidos, Índia, Rússia, Japão e Brasil, segundo a lista, divulgada durante as negociações climáticas da ONU em Durban, África do Sul, em 2011.

AS EMISSÕES DE GASES-ESTUFA CRESCERAM 70% NO PERÍODO DE 1970 A 2004

Fonte: Jornal *O Estado de S. Paulo*, 5/6/2008, p. X6.

Em dezembro de 2012, data da expiração do protocolo de Quioto, foi decidida a sua prorrogação até 2020, durante a 18ª Conferência das Nações Unidas sobre Mudança Climática (COP-18), que ocorreu em Doha, no Catar. Os 194 países reunidos votaram, em tempo considerado recorde (menos de três semanas de negociações). Apesar disso, o acordo não contará com a ajuda do Japão, Rússia, Canadá e Nova Zelândia. Os Estados Unidos não participaram nem da primeira parte do protocolo, nem da sua prorrogação[12] (ver página 163-165).

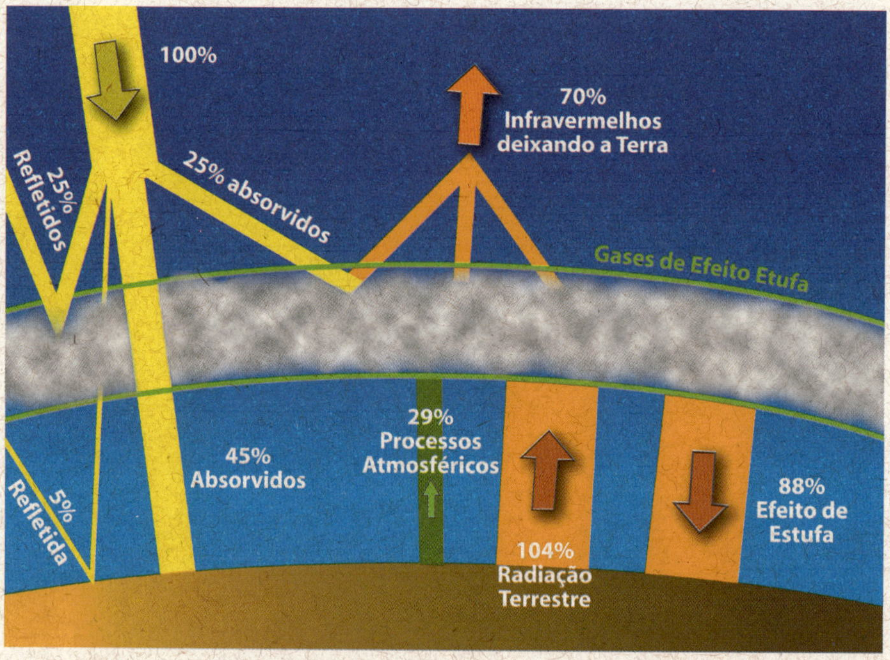

O *efeito estufa*

Fonte: http://educar.sc.usp.br.

[11] Paralelamente, os norte-americanos criaram um programa não obrigatório, denominado Iniciativa Céu Limpo, em que oferecia incentivos fiscais às indústrias que limitassem suas emissões. O programa, porém, não incluiu a redução do gás carbônico, cuja ação como causador do efeito estufa não era aceita. Também foi criada, em 1998, a iniciativa *Chicago Climate Exchange*, como uma forma de compensação pela não adesão do Protocolo de Quioto pelos Estados Unidos, que também contemplava a redução dos GEEs.

[12] Fonte: http://epocanegocios.globo.com. Acesso: 26/1/2013.

Os minerais

Entre os recursos abióticos à disposição do homem, há, ainda, os minerais. São compostos químicos naturais, formados a partir de diversos processos físico-químicos ocorridos na crosta terrestre, em diferentes temperaturas, pressões e concentrações de elementos químicos presentes no sistema. A maior parte deles ocorre no estado sólido e compõem as rochas. Quando um mineral é explorado economicamente, passa a ser denominado minério.

Os minerais se mantêm imutáveis até que as condições ambientais atinjam os limites de sua estabilidade; são então substituídos por outros mais estáveis sob a nova condição. Alguns deles, porém, possuem limites de estabilidade muito amplos e são praticamente imutáveis, como o diamante, o coríndon, o grafite, entre outros. Distinguem-se pelas suas propriedades: cor, dureza, brilho, índice de refração, transparência, clivagem, peso específico (Branco, 1982).

Recursos bióticos

A vegetação

Entende-se por vegetação o conjunto de plantas que cobre uma região. As espécies vegetais não se congregam ao acaso: apresentam uma estrutura, uma fisionomia e uma composição que varia bastante, conforme o clima e o solo.

As plantas, como todos os seres vivos, só se desenvolvem perfeitamente em determinadas condições ambientais. É importante compreender seu mecanismo vital, conhecendo suas necessidades básicas e seu processo de nutrição, crescimento e reprodução. Os vegetais, ao contrário dos animais, fabricam seus próprios alimentos, a partir da água e do gás carbônico (CO_2) existente na atmosfera, transformando-os em carboidratos.

Nesse processo, denominado *fotossíntese*, que ocorre principalmente nas folhas (partes verdes), a energia solar (luz) é fundamental. O resultado final é a produção de moléculas de glicose (açúcares) e gás oxigênio; a glicose é transportada para outras regiões da planta, sendo então desdobrada e aproveitada. Às vezes, fica armazenada em órgãos de reserva dos vegetais, sob a forma de amido. Esses açúcares são "queimados" em reações químicas que utilizam o oxigênio no processo de respiração.

A ÁRVORE SIMBOLIZA, AO MESMO TEMPO, A VIDA E A MORTE. IMENSA, ERGUIDA PARA O CÉU, RESISTENTE AOS ELEMENTOS E AO TEMPO, SÍMBOLO DA VIDA QUE SE PROLONGA E QUE TODOS OS ANOS SE RENOVA, ADQUIRINDO FORÇAS, ELA NÃO CESSOU DE POVOAR OS NOSSOS SONHOS DE IMORTALIDADE

Bernard Fischesser, 1981.

O processo da fotossíntese

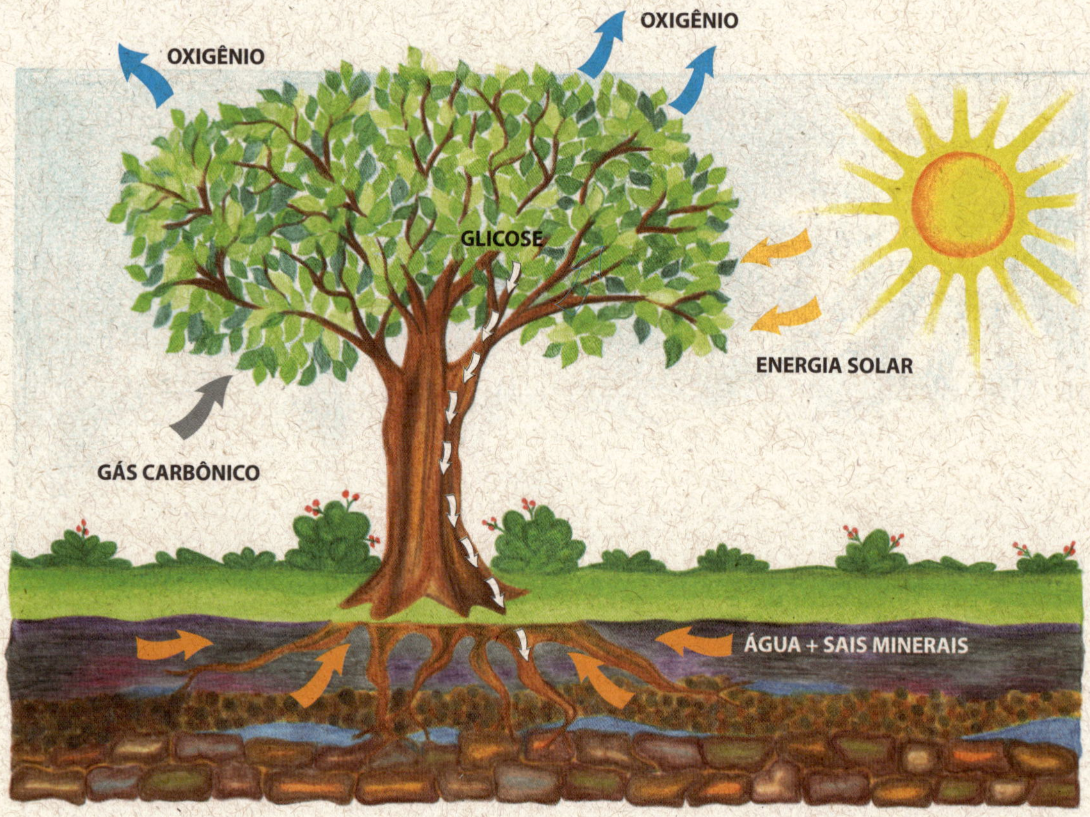

Dessa forma, na reação de fotossíntese, os vegetais absorvem gás carbônico da atmosfera e liberam gás oxigênio. Assim, com a existência das plantas, o ambiente é continuamente suprido de oxigênio, elemento indispensável à respiração do homem e dos animais.

Outra função vital das plantas é a *transpiração*, processo pelo qual a água é liberada para a atmosfera, por meio das folhas. Essa água, retirada do solo pelas raízes, chega até a parte aérea por um sistema de canais que passam pelo caule e se espalha pela superfície das folhas. Ao absorver a água do solo, a raiz assimila também os nutrientes minerais indispensáveis ao desenvolvimento das plantas. Para que essas funções básicas ocorram satisfatoriamente, é importante a adequação de alguns fatores considerados essenciais, como água, temperatura, luz e qualidade dos solos.

As florestas: tipos e importância

As florestas são comunidades biológicas formadas por plantas, animais e outros seres vivos, com grande valor ecológico, pois desempenham o papel de sequestrar o gás carbônico da atmosfera e liberar o oxigênio para o ambiente, entre outros processos de grande relevância ambiental para a conservação da natureza. Podem ser nativas ou cultivadas pelo homem. Enquanto as primeiras apresentam grande diversidade de espécies vegetais, as segundas, normalmente, são homogêneas, plantadas com árvores de crescimento rápido, como os eucaliptos e os pinheiros, com finalidades comerciais.

O cultivo de florestas homogêneas recebe muitas críticas, mas, na verdade, elas representam uma solução adequada para atender à crescente demanda por madeira. Podem ser implantadas em solos degradados ou relativamente pobres, e proporcionam múltiplos usos. Servem para abastecer as indústrias (principalmente a da celulose), fornecer lenha e carvão vegetal, ou possibilitar a proteção ambiental. Contribuem, também, para diminuir a pressão de ações extrativistas nas reservas naturais remanescentes.

As matas funcionam como verdadeiros "aparelhos de ar-condicionado" da Terra, protegendo contra os efeitos do vento, chuva, calor e frio – não apenas o solo, mas também todos os animais e vegetais menores que nelas habitam. A interação dos elementos das florestas entre si e também com a atmosfera mantém um equilíbrio entre os gases, a água e os nutrientes. Sem elas, o planeta seria um lugar desolado e inóspito.

Processos fisiológicos que ocorrem nas folhas

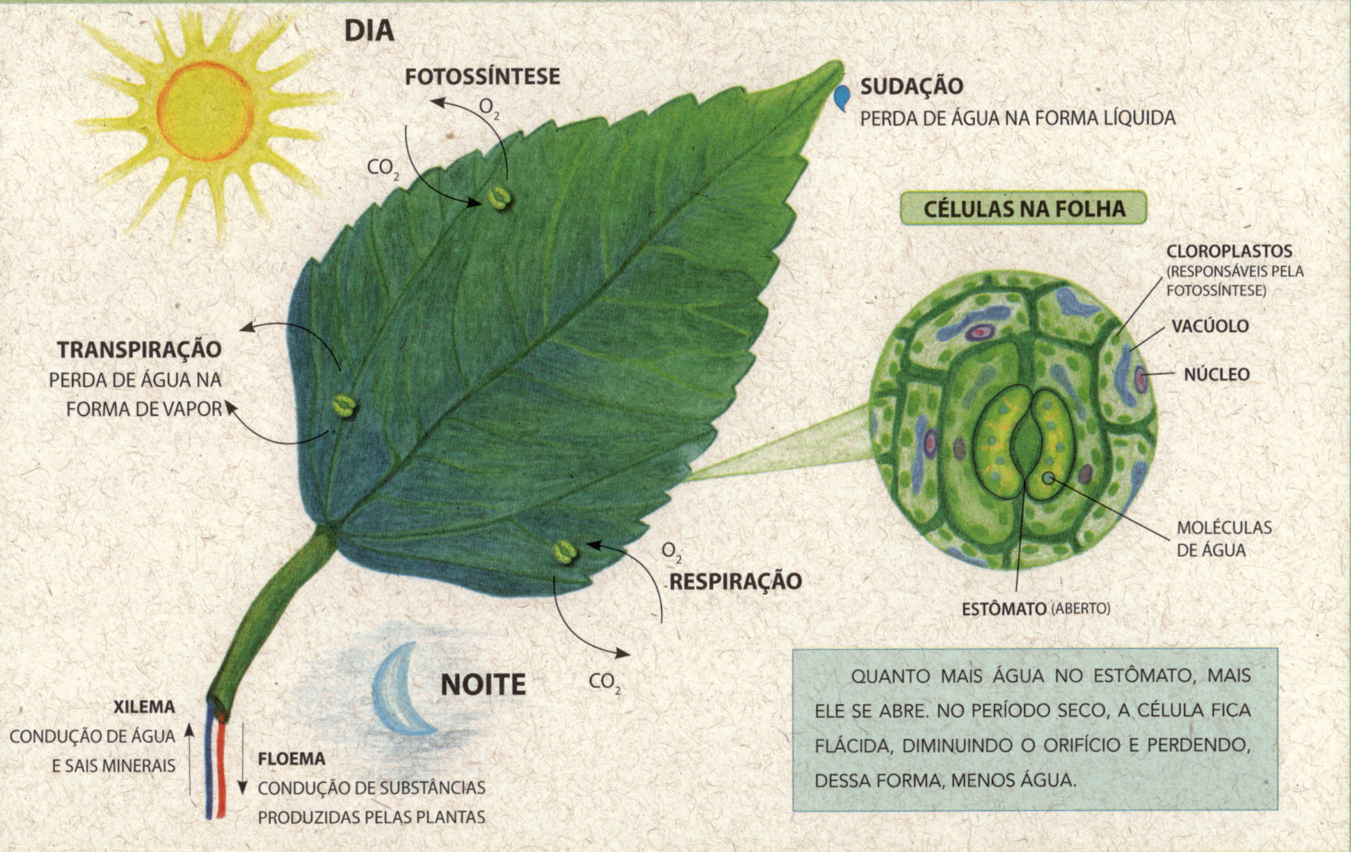

QUANTO MAIS ÁGUA NO ESTÔMATO, MAIS ELE SE ABRE. NO PERÍODO SECO, A CÉLULA FICA FLÁCIDA, DIMINUINDO O ORIFÍCIO E PERDENDO, DESSA FORMA, MENOS ÁGUA.

A devastação florestal

No final do século XX, as florestas nativas e plantadas cobriam 3,4 milhões de hectares do planeta, ou seja, quase 27% da superfície terrestre, sem considerar a Groenlândia e a Antártida. Os países em desenvolvimento, na maioria, tropicais, que ocupam quase 60% dessa superfície, abrigavam quase 57% das reservas florestais mundiais. Mais de metade dessas áreas estavam localizadas em sete países: Rússia, Brasil, Canadá, Estados Unidos, China, Indonésia e Zaire. Nessas estimativas, incluem-se florestas intactas, as alteradas pelo homem (com manejo e aproveitamento) e as plantadas.

CERCA DE 17% DA COBERTURA ORIGINAL DA AMAZÔNIA BRASILEIRA JÁ NÃO EXISTE MAIS. EM CINCO ANOS, FOI DESTRUÍDA UMA ÁREA IGUAL À DE UM PAÍS COMO PORTUGAL

Fonte: Kaxiana – Agência de Notícias da Amazônia, em 1/4/2008 (Disponível em: www.kaxi.com.br. Acesso: 2/2/2013).

Durante a década de 1990, foram desmatados em média 16,1 milhões de hectares por ano no mundo – 15,2 milhões de hectares somente nas regiões tropicais –, segundo o relatório publicado em 2000 pela Organização das Nações Unidas para a Alimentação e a Agricultura (FAO, na sigla em inglês). Isso significa que 4,2% de todas as florestas existentes no planeta em 1990 foram derrubadas até aquele ano. O desflorestamento foi maior nas zonas tropicais da Ásia e Oceania tropical (0,98%).

Observando-se as tendências da cobertura das florestas naturais, nota-se que a redução vem perdendo seu ritmo ao longo do tempo, mas, mesmo assim, é muito preocupante, pois a taxa de devastação nos países em desenvolvimento é ainda muito alta, inclusive, no Brasil.

De acordo com dados divulgados em setembro de 2009 pelo Instituto Nacional de Pesquisas Espaciais (INPE), o desmatamento da Amazônia medido pelo Sistema de Detecção de Desmatamento em Tempo Real (Deter), entre agosto de 2008 e julho de 2009, foi de 4 375 km², em relação aos 8 147 km² verificados no período anterior (agosto de 2007 e julho de 2008).

As autoridades brasileiras comemoraram o fato, pois, na série histórica das medições, a taxa foi a menor desde 2004. Além disso, houve redução expressiva (46%) no índice acumulado, na comparação entre 2007/2008 e 2008/2009. Em 2010, a taxa reduziu-se para 7 000 km².

Segundo a organização internacional *Greenpeace* – que cobra medidas urgentes de controle da situação pelos governos – o desmatamento na Amazônia ainda representa 70% das emissões brasileiras de gases que provocam o aquecimento global.

NOVO CÓDIGO FLORESTAL:

EM BUSCA DO EQUILÍBRIO

Por tratar de temas polêmicos e envolver muitos interesses econômicos, era de se esperar que a discussão sobre uma nova legislação relativa à proteção e ao uso das florestas no Brasil suscitasse muitas controvérsias. Há anos que o Congresso Nacional discute a revogação do Código Florestal, sancionado na década de 1960, e a sua substituição por outro mais atualizado, realista e abrangente.

Durante os intensos debates posicionaram-se os chamados ruralistas, de outro, os ambientalistas, defendendo energicamente seus argumentos. Na verdade, as duas vertentes são igualmente importantes para o Brasil e representam dois grandes desafios para o desenvolvimento sustentável: a responsabilidade pela proteção do ambiente e a necessidade de assegurar a crescente produção de alimentos, para a atual e as futuras gerações.

Finalmente, foi aprovada, pelo Congresso Nacional, a Lei Federal n. 12651, em 25 de maio de 2012, que regulamentou o novo Código Florestal. Mesmo assim, a presidente Dilma Roussef precisou vetar parte do texto legal (nove vetos) aprovado pelos congressistas e modificou-o, editando a Medida Provisória n. 571/2012, que se converteu na Lei n. 12727, de 17-10-2012. Parte da matéria foi ainda regulamentada pelo Decreto n. 7830, expedido no mesmo dia.

Esse novo instrumento legal, que começou a vigorar a partir da sua publicação, dispõe sobre três tipos de glebas: as Áreas de Preservação Permanente (APPs), as de Reserva Legal (percentual de vegetação nativa do imóvel rural a ser preservada) e as remanescentes, conceituadas por exclusão.

Além disso, o Código trata de duas modalidades de intervenção antrópica em cada uma dessas áreas: a supressão e a exploração. A primeira implica no corte de árvores, ou de outras formas de vegetação nativa, enquanto que a segunda trata da utilização sustentável da floresta, com os objetivos de subsistência ou de obtenção de renda.

Além da regulamentação das formas de intervenção no imóvel rural, o Código trata dos diferentes instrumentos de controle que possibilitem a fiscalização e o cumprimento das normas. Para tanto, foram criados sistemas de informação e cadastros, como o Cadastro Ambiental Rural.

Paralelamente, foram normatizados alguns mecanismos como as áreas de uso restrito (pantanais e encostas); a utilização dos "apicuns" e "salgados" (terrenos formados por sedimentos arenosos, margeando as áreas de manguezais, muito usados para a criação de camarão); a proibição do uso do fogo e o controle dos incêndios; o Programa de Apoio e Incentivo à Preservação e Recuperação do Meio Ambiente; e a Agricultura Familiar.

Espera-se que, com o encerramento do ciclo democrático de discussões em torno do tema e a entrada em vigor do novo Código Florestal, o Brasil possa trilhar o bom caminho do combate à devastação ambiental, compensando aqueles que preservam. Ao mesmo tempo, deve continuar a exercer sua liderança na produtividade agropecuária em vários itens, apresentando índices de crescimento acima da média mundial.

Afinal, vale lembrar que, para alcançar esse resultado tão expressivo, a atividade agropecuária utiliza apenas 27,7% da área do país. A maior parte do território brasileiro (61%) ainda se encontra coberto por vegetação nativa, muitas vezes, densas florestas.

Fontes: Lehfeld, 2013; Meio ambiente e agricultura no novo Código Florestal, Antonio de Azevedo Sodré, (Jornal: *O Valor*, 27/9/2012).

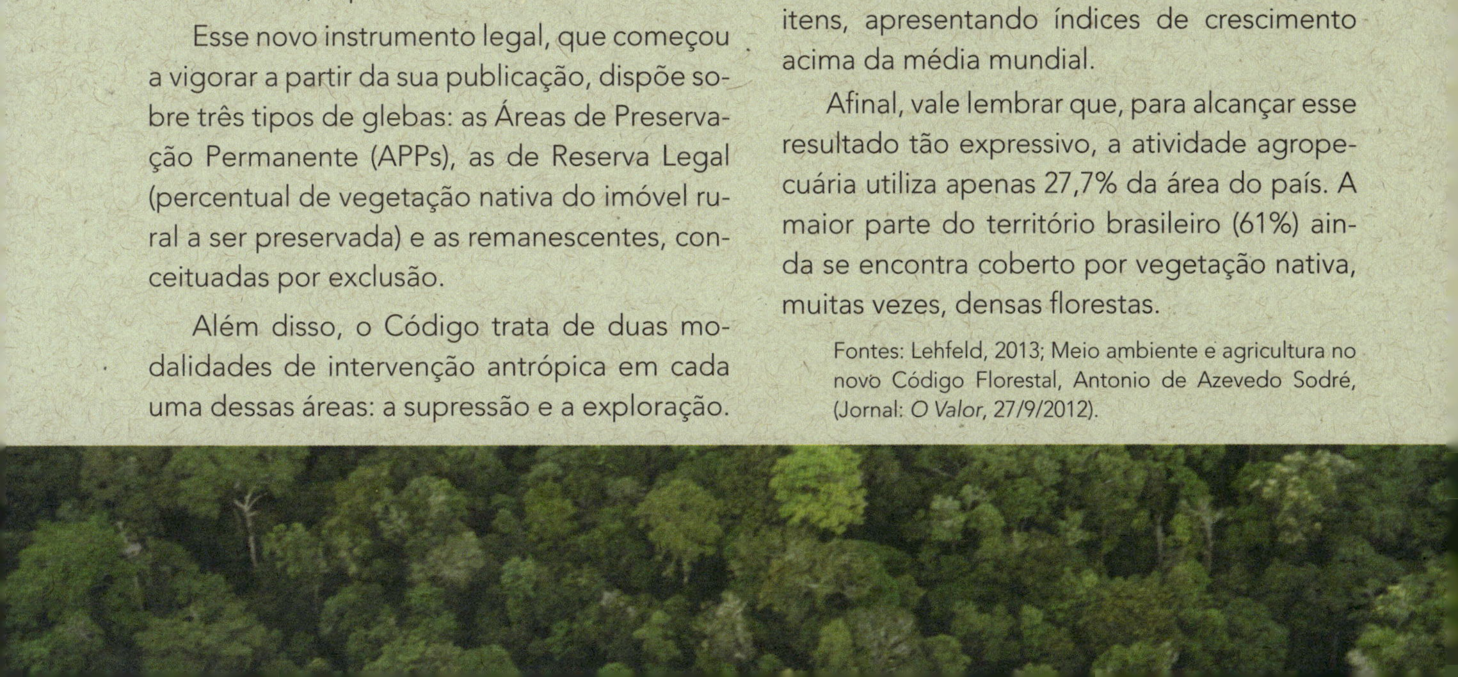

Como se observa ao longo da história da humanidade, a exploração excessiva dos recursos naturais, com a substituição gradativa da vegetação original por áreas de cultivo ou pastagens, acabou por criar enormes desertos, tornando o solo mais pobre e incapaz de suprir as necessidades de seus habitantes. O problema agrava-se em muitas regiões onde ocorre instabilidade climática – principalmente as secas prolongadas – e crescimento acelerado da população.

UMA ÚNICA ÁRVORE PODE ABSORVER UMA TONELADA DE GÁS CARBÔNICO DO AR DURANTE TODA A SUA VIDA

Fonte: Machado, Casadei e Rascalha, 2008.

Entre as principais consequências do desmatamento, pode-se citar o esgotamento dos estoques de madeira, a destruição acelerada do solo e a desertificação gradativa, com consequente diminuição da produtividade, a ocorrência de inundações e do aumento do efeito estufa.

Sabe-se que a floresta é uma associação de organismos, que vivem em equilíbrio, mas altamente vulnerável às ameaças internas e externas. Qualquer dano pode quebrar a integridade desse ciclo harmônico e provocar uma destruição em cadeia. Secas, inundações, vendavais, ataques de aves e insetos e até incêndios decorrentes de raios ou atividades vulcânicas afetam esse ecossistema. Tais ocorrências naturais, que dificilmente chegam a causar a extinção de áreas florestais, podem, no entanto, ser agravadas ainda mais pelas atividades humanas.

Atualmente, calcula-se que cerca de um terço das emissões de gás carbônico na atmosfera são decorrentes das queimadas. Pesquisas recentes mostram que essa prática pode ter um papel mais importante do que se imaginava nas alterações climáticas. Em um estudo sobre os padrões desses eventos ocorridos na África Central durante o último milhão de anos, publicado em 27 de agosto de 1998 na revista *Nature*, mostra que nos últimos dez mil anos – período coincidente com o início das atividades agrícolas do homem – houve um pico nessa queima de matéria vegetal. Essa atividade pode ter afetado o clima africano, hoje mais árido do que o previsto[13].

Além disso, o consumo de lenha – principal ou única fonte de energia doméstica para um quinto da população mundial – continua aumentando a uma taxa de 1,2% ao ano. Cerca de 90% da sua utilização é feita nos países em desenvolvimento. Nos mais adiantados, responsáveis por 72% da produção e consumo total, a demanda de madeira está estabilizada.

[13]Disponível em: www.nature.com. Acesso: 26/1/2013.

Para prover as necessidades desse importante material, recorre-se cada vez mais às plantações florestais. Elas estão se expandindo na Ásia, Oceania e América do Sul, aumentando a disponibilidade de madeira. O emprego de métodos de processamento mais eficientes, o aumento da reciclagem e a maior utilização dos resíduos têm permitido às indústrias florestais expandir sua linha de produtos, com menor consumo de matéria-prima.

De acordo com o último relatório da Organização para Agricultura e Alimentação das Nações Unidas (FAO), publicado em 2010, a situação das florestas no mundo manteve-se praticamente a mesma nos últimos vinte anos, pois as alterações ficaram abaixo da taxa de 0,5%. As maiores taxas negativas (em termos percentuais) são relativas ao desmatamento das florestas primárias e à extração de madeira nos anos 1990.

A FAO considera os resultados do relatório de 2010 como "encorajadores em diversos aspectos". Embora a taxa de desmatamento tenha sido "alarmante" em muitos países, o índice está caindo, em termos globais, permitindo, no geral, uma redução na perda de cobertura natural. As maiores perdas ocorreram nas áreas tropicais e os maiores ganhos nas zonas temperadas e boreais. Além disso, nações emergentes diminuíram o ritmo das derrubadas e passaram a recuperar áreas florestais.

Observou-se, ainda, que a área ocupada pelas florestas primárias (36%) vem diminuindo à razão de quatro milhões de hectares por ano, enquanto aumenta a demanda por produtos dela originados. A boa notícia é que alguns países estão proibindo quaisquer intervenções em suas florestas modificadas. Assim, com o tempo, a FAO estima que a composição dessas matas possa evoluir, podendo ser classificadas como primárias.

O Brasil é o segundo país do mundo, em termos absolutos, com mais áreas de florestas. Com 519,5 milhões de hectares, perde apenas para a Rússia, que abriga 809,1 milhões de hectares. Proporcionalmente, porém, o Brasil preserva mais as florestas que os russos (62% contra 49%), ficando atrás da Finlândia (73%), da Suécia (69%) e da República Democrática do Congo, 68%[14].

UM QUINTO DA POPULAÇÃO MUNDIAL NÃO TEM ACESSO À ENERGIA ELÉTRICA. O DOBRO DESSE NÚMERO – QUASE TRÊS BILHÕES DE PESSOAS – AINDA DEPENDE DE FONTES ENERGÉTICAS COMO CARVÃO, LENHA E OUTROS TIPOS DE BIOMASSA TRADICIONAIS PARA SATISFAZER SUAS NECESSIDADES BÁSICAS.

Fonte: Instituto Ethos, em 4/6/2012 (Disponível em: www1.ethos.org.br. Acesso: 4/2/2013).

[14]Fonte: Revista *Em Discussão*, do Senado Federal, em 4/4/2012. Disponível em: www.senado.gov.br. Acesso: 4/2/2013.

Acredita-se que a suficiência em longo prazo dependerá de uma ordenação sustentável dos recursos florestais. As projeções mundiais pressupõem aumentos na recuperação ou reciclagem de papel e maior dependência das plantações, no que se refere ao suprimento de madeira. Prevê-se, ainda, o incremento da fabricação de derivados florestais, inclusive os não madeireiros. Acredita-se que sua expansão beneficiará, principalmente, os países em desenvolvimento, hoje os principais fornecedores do mercado.

Florestas plantadas: objetivos e importância

A necessidade atual de obtenção de grandes volumes de madeira, com qualidade uniforme, levou às intensas pesquisas e à introdução de novas técnicas de manejo florestal. Isso resultou em plantios extensivos de árvores em várias regiões do mundo. Atualmente, há um debate incessante entre aqueles que veem o futuro das plantações de árvores como qualquer outra cultura agrícola e aqueles que a consideram simplesmente do ponto de vista ecológico, como um entre os diversos métodos para a manutenção da cobertura vegetal.

O BRASIL CONSOME A CADA ANO 300 MILHÕES DE METROS CÚBICOS DE MADEIRA E, DESSE TOTAL, 70 MILHÕES PROVÊM DE FLORESTAS PLANTADAS

Fonte: Queiroz & Barrichelo, 2007.

Em ambos os casos, o retorno econômico máximo, em uma base sustentável, é o objetivo do manejo; o produtor, entretanto, calcula o sucesso em termos mais limitados que o ambientalista, que tende a encarar o assunto em longo prazo. Uma organização florestal moderna e profissional deve manter o equilíbrio entre os objetivos econômicos e ecológicos no manejo.

Esse equilíbrio ideal, no entanto, é difícil de ser alcançado, principalmente nos países em desenvolvimento, onde é maior a competição pela posse da terra. As populações em constante crescimento e a expansão das áreas agricultáveis e das pastagens, em locais em que a cobertura vegetal natural está sendo destruída ou degradada pelo abuso e falta de manejo, restringem as opções disponíveis ao silvicultor. Nessas circunstâncias, a plantação florestal pode ser uma eficiente alternativa prática para proteger o solo e as reservas de água e, ao mesmo tempo, a solução econômica para aqueles que dependem da floresta para a subsistência.

Nos últimos anos, as empresas do setor florestal, inclusive, no Brasil, preocupam-se em trabalhar com respeito ao ambiente, não só para atender à legislação vigente, mas, também, porque

*Floresta plantada com eucaliptos (*Eucalyptus sp.*) pela* International Paper, *no interior do estado de São Paulo*

acreditam que, assim, reduzem as perdas decorrentes do esgotamento dos recursos naturais e dos processos erosivos. Muitas delas executam ações positivas em termos da conservação da natureza, mesmo que isso envolva grandes investimentos.

Os técnicos do setor costumam ressaltar as vantagens ambientais das florestas plantadas: elas reduzem a pressão sobre as matas nativas remanescentes; aproveitam e recuperam áreas degradadas, por meio da conservação do solo e combatem a erosão. Além disso, protegem as bacias hidrográficas, prevenindo inundações e evitando o assoreamento dos rios, garantindo, assim, a qualidade e o volume das águas.

Por outro lado, o planejamento adequado das plantações florestais – o cultivo integrado de blocos de espécies de rápido crescimento com matas nativas –, cada vez mais adotado pelas empresas, procura reduzir os impactos negativos da monocultura sobre a fauna e a flora, conservando a diversidade biológica. Esse tipo de aproveitamento envolve o estabelecimento de verdadeiros mosaicos de vegetação, compostos pelos povoamentos cultivados e pelas áreas naturais remanescentes, interligados por corredores ecológicos.

Mais recentemente, as florestas plantadas passaram a ter um de seus benefícios mais reconhecidos: a capacidade de sequestrar grande quantidade de dióxido de carbono da atmosfera, contribuindo na redução da concentração dos gases do efeito estufa, cuja quantidade acumulada na atmosfera está aumentando a intensidade do aquecimento global.

Ação positiva: o reflorestamento

A recomposição florística se destina tanto para recuperar áreas degradadas como para enriquecer matas nativas. Apesar da grande devastação florestal ocorrida ao longo do tempo no Brasil, observam-se, atualmente o desenvolvimento de muitas ações voltadas para o reflorestamento, buscando devolver à vegetação sua forma, função e fisionomia original.

Sabe-se que as florestas tropicais se caracterizam por possuir alta diversidade de espécies e se comportam de maneira dinâmica. Isso significa que em uma pequena área coexiste um grande número de espécies representativas de cada uma das formas de vida ocorrentes, com abundância variada.

Um dos conceitos que melhor retrata essa dinâmica é o mecanismo da sucessão ecológica, descrito por Budowsky, em 1965. O processo, utilizado amplamente nos projetos de recomposição de matas, tem como princípio básico o plantio consorciado

*Exemplar de ipê (*Tabebuia chrysotricha*), espécie classificada como secundária: pode germinar à sombra, mas necessita de insolação para desenvolver-se*

de árvores nativas com características diferentes. Essas plantas são manejadas de forma a estabelecer a dinâmica da sucessão natural.

*Jardim Botânico de Buenos Aires: voluntários envolvem sementes de árvores em bolinhas de argila (*nendo dango*, em japonês) para evitar seu ataque por pássaros e outros animais. Assim protegidas, são jogadas no solo e aguardam a época chuvosa, quando a argila absorve a água, que ajuda sua germinação. O método proposto pelo camponês e filósofo japonês Masanobu Fukuoka (1913-2008) é empregado em várias partes do mundo em projetos de reflorestamento*

Dessa forma, misturam-se, em diferentes proporções, espécies pertencentes a estágios sucessionais distintos: as **pioneiras** (de rápido crescimento, que germinam e crescem a pleno sol; produzem precocemente muitas sementes pequenas, dispersas, basicamente, por animais ou pelo vento) exercerão o devido sombreamento para o desenvolvimento das espécies dos estágios subsequentes, denominadas **secundárias** (de crescimento intermediário, que produzem sementes capazes de germinar à sombra, mas que necessitam de sol para seu desenvolvimento).

Com isso, o plantio de espécies pioneiras e secundárias possibilita as condições ideais para o surgimento das espécies **clímax** ou finais (de crescimento lento, que germinam e se desenvolvem à meia-sombra, produzem sementes grandes, sem dormência e com baixa densidade por unidade de área).

Esse modelo de revegetação considera que o melhor crescimento das mudas implantadas se dá, em grande parte, pelo manejo da luz. Esse é o fundamento básico do princípio da autorrenovação e autorregeneração das matas tropicais.

O pleno desenvolvimento desses vegetais fornecerá ganhos significativos nas condições do solo, na presença do banco de sementes, e no ressurgimento e estabelecimento da interação da fauna e da flora, no microclima, e no equilíbrio hidrológico, entre outros.

Assim, espera-se que as áreas objeto do reflorestamento recuperem sua função, estabelecendo não só um rico canal de fluxo gênico[15], capaz de potencializar processos de regeneração natural em seus arredores, como também possam assegurar a manutenção da biodiversidade.

[15]Fluxo gênico é a transferência de genes de uma população para outra. Nas populações de plantas, ocorre por meio da dispersão do pólen e de sementes.

RECUPERAÇÃO DAS MATAS CILIARES
PRIORIDADE MÁXIMA NA CONSERVAÇÃO AMBIENTAL

Assim como os cílios protegem os olhos, impedindo a entrada de poeira e outras impurezas, as florestas situadas às margens dos rios, córregos e lagos formam uma verdadeira manta vegetal que os conservam, mantendo a integridade das nascentes, a qualidade das águas e a biodiversidade. Por isso, essas matas são chamadas de ciliares.

No passado, essas áreas foram intensamente destruídas, pois eram justamente as que garantiam as melhores safras, por causa do acúmulo de matéria orgânica e maior umidade. Essa tradição em sua ocupação não é coisa recente: os antigos povos mesopotâmicos sabiam que as várzeas dos rios Tigre e Eufrates eram as terras mais férteis para a agricultura, e a civilização egípcia não teria se desenvolvido sem o aproveitamento das enchentes regulares do rio Nilo. Também o povo inca, que vivia no Peru, considerava sagrado o vale do rio Olantaytambo, fundamental para sua sobrevivência.

No Brasil, a situação não foi diferente. Os colonizadores pioneiros que ousaram se embrenhar pelo sertão desconhecido em busca de riquezas, usavam, principalmente, os rios como meios de transporte. Ao longo deles, estabeleceram os primeiros núcleos de moradias e iniciaram os cultivos agrícolas, promovendo o desmatamento das margens dos corpos d'água.

Ao longo da história do Brasil, houve até campanhas para erradicar a vegetação ciliar em nome da saúde pública, pois eram essas regiões que abrigavam os focos dos terríveis insetos transmissores de doenças, como a malária e a febre amarela.

Mais recentemente, na década de 1970, o governo federal também contribuiu para a destruição das matas ciliares, incentivando sua drenagem para o aproveitamento agrícola, com a instituição de um programa denominado *Pró-várzea*, que destinava recursos financeiros aos produtores que se instalassem em tais áreas.

Ao longo do tempo, os estragos ambientais foram grandes e, atualmente, a recuperação das matas ripárias – outra definição mais técnica – tornou-se prioridade máxima na agenda ambiental da agricultura responsável. A preocupação com essa recuperação existe desde 1965, com a aprovação do Código Florestal, mas aumentou consideravelmente a partir dos anos 1980, com a maior conscientização ecológica.

A conservação e a recuperação das matas ciliares se tornam ainda mais oportunas e necessárias quando se analisam suas funções para a manutenção da sustentabilidade.

Os pesquisadores advertem que elas agem como "tampão" e "filtro" entre os terrenos mais altos e o ecossistema aquático, participando do controle do ciclo de nutrientes na bacia hidrográfica.

Além disso, essas matas evitam a erosão e o empobrecimento do solo, funcionando como barreiras naturais que impedem o carreamento de terra e outros detritos trazidos pelas enxurradas, inclusive resíduos de produtos tóxicos, causando o assoreamento dos leitos dos rios, diminuindo seu volume e prejudicando a qualidade das águas.

Por outro lado, a vegetação oferece condições favoráveis ao desenvolvimento dos animais silvestres e aquáticos, servindo-lhe de proteção e abrigo. Fornece, também, alimentação (frutos, folhas, flores, raízes e até mesmo pequenos organismos, como insetos que ali vivem), principalmente para os peixes.

Outra importante função das matas ciliares é servir como corredores ecológicos, ou seja, possibilitar maior segurança e liberdade na passagem e na circulação de aves e de animais silvestres. Muitas vezes, esses indivíduos são responsáveis pela disseminação e propagação das sementes das plantas existentes, contribuindo para aumentar o fluxo gênico no ecossistema.

As matas ciliares contribuem ainda para interceptar e absorver a radiação solar, por meio das copas das árvores, mantendo a estabilidade térmica dos pequenos cursos d'água e criando condições para o desenvolvimento da fauna aquática.

Verifica-se que, com a aplicação mais rigorosa da legislação, as zonas ripárias, que, no passado, representavam um ativo de produção para os proprietários rurais, transformaram-se em passivo ambiental. A legislação exige a preservação de uma faixa mínima de cinquenta metros no entorno das nascentes e trinta metros das áreas vizinhas aos corpos d'água, com menos de dez metros de largura (as áreas a preservar aumentam, em função da largura dos rios).

Apesar do impacto financeiro decorrente do reflorestamento compulsório dessas áreas, a reação do setor agrícola nacional tem sido muito positiva. Pelo menos, no caso do estado de São Paulo. O governo paulista pretende recuperar, até 2025, uma área de 1,7 milhão de hectares de matas ciliares e tem conseguido uma adesão significativa dos proprietários rurais.

Cumprida essa meta, e somando-se os remanescentes florestais existentes – atualmente estimados em apenas 14%, haveria 20% do território paulista coberto com vegetação nativa. A Secretaria Estadual do Meio Ambiente divulgou que seu cadastro de recuperação florestal contabilizou 78% da meta estabelecida até 2008, mostrando a boa receptividade dos produtores rurais em torno da proposta de formação dos chamados corredores ecológicos.

Fontes: Graziano, F. "Corredor ecológico". Artigo publicado no jornal *Estado de S. Paulo*, 7/10/2008, p. A2.; www.ifc.org/ifcext/spiwebsite1.nsf (Acesso: 8/10/2008); http://www.ecolnews.com.br (Acesso: 8/10/2008).

O ecossistema ripário

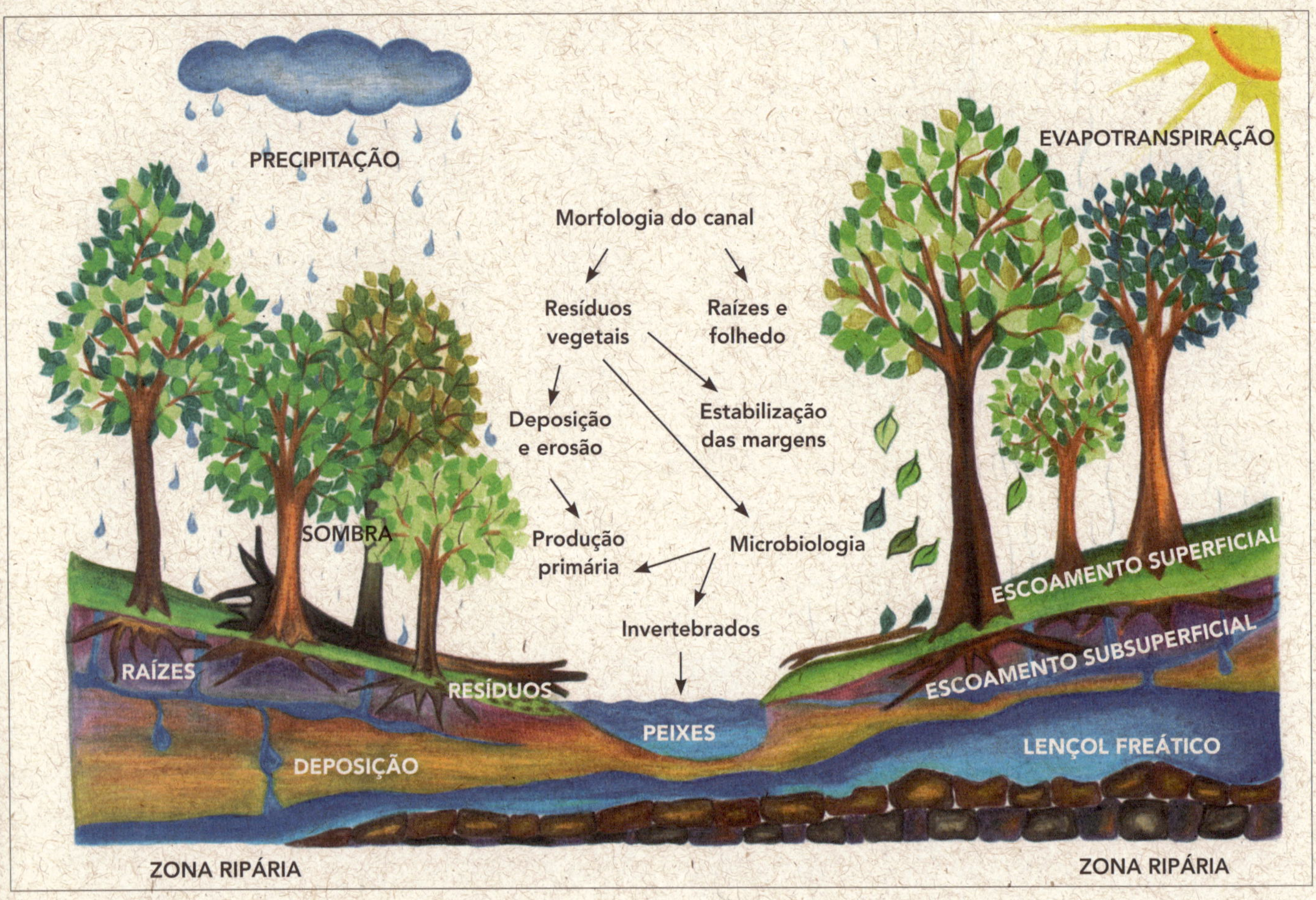

Fonte: Adaptação de Paula Lima, W. (2008).

Fauna

De forma mais generalizada, entende-se por fauna silvestre do Brasil "os animais de quaisquer espécies, em qualquer fase de desenvolvimento, que vivem naturalmente fora de cativeiro". Dessa forma, são considerados nessa categoria todos aqueles não domesticados, participantes do conjunto de vertebrados, mais especificamente mamíferos, aves, répteis, peixes e animais marinhos, como a tartaruga marinha e alguns invertebrados, como as borboletas.

Outra definição considera como animais silvestres todas as espécies nativas ou migratórias, tanto as aquáticas como terrestres, que ocorrem naturalmente no território brasileiro. Muitos deles são importantes para a dispersão de sementes e para a conservação do equilíbrio nos ecossistemas.

Na verdade, seria necessária uma definição mais completa para assegurar a devida proteção a todos os animais silvestres. De acordo com a legislação vigente, "são espécimes da fauna silvestre todos aqueles pertencentes às espécies nativas, migratórias e quaisquer outras, aquáticas ou terrestres, que tenham todo ou parte de seu ciclo de vida ocorrendo dentro dos limites do território brasileiro, ou em águas jurisdicionais brasileiras" (Lei n. 9605/98, Art. 29, §3º).

Os animais silvestres estão sob a proteção da legislação vigente, sob o amparo específico da Lei n. 5197/67, que proíbe a utilização, a perseguição, a destruição, a caça ou a apanha desses animais, assim como estende a proteção aos seus ninhos, abrigos e criadouros naturais. Além disso, constitui crime matar, perseguir, caçar, apanhar, utilizar espécimes da fauna silvestre, nativa, ou em rota migratória, sem a devida licença ou autorização, nos termos da Lei n. 9605/98.

Saiba mais

Em outubro de 2008, o governo paulista divulgou uma relação atualizada dos animais vertebrados com riscos de extinção no estado de São Paulo, contendo 436 espécies e subespécies, que somam 17% dos vertebrados conhecidos nesse estado. As espécies citadas são classificadas em três estágios: criticamente em perigo, em perigo e vulnerável. O mico-leão-preto (ao lado) foi eleito o símbolo da nova lista; antes classificado como espécie criticamente em perigo, quase completamente desaparecida, pode ser hoje encontrado no Parque Estadual do Morro do Diabo, na Reserva Estadual de Caetetus e na Estação Ecológica do Mico Preto, graças ao esforço por sua preservação. Classificado como vertebrado em perigo, espera-se que seja brevemente retirado da lista dos animais em extinção.

Funções ecológicas dos animais e das plantas

As relações entre animais e plantas têm indiscutível valor ecológico. Nessa importante tarefa de contribuir para a multiplicação das espécies, os animais, para sua alimentação, encontram o pólen, o óleo e o néctar nas flores, além de frutos com polpas suculentas e sementes nutritivas nas plantas.

Dessa forma, ocorre naturalmente uma relação mútua entre animais e vegetais, que ajuda a natureza a se recompor, garantindo a sobrevivência das espécies. As plantas dependem dos animais para a transferência dos grãos de pólen de uma planta para a outra, e de uma flor para a outra, auxiliando na polinização, e na consequente formação de frutos e sementes.

Para ocorrer a interação positiva entre as espécies dos reinos animal e vegetal, a forma de dispersão das plantas e a relação entre seus frutos e os animais têm grande importância, pois é necessário haver a identificação entre ambos. É preciso, no entanto, compreender que primeiro a fauna alimenta-se dos frutos das árvores para depois realizar sua dispersão.

Inicialmente, os animais fazem a predação ou a pré-dispersão, realizada tanto por alguns peixes (que também se alimentam de frutos), como também por anfíbios, répteis, insetos, aves e mamíferos; após as refeições, eles se movimentam e carregam as sementes, distribuindo-as casualmente pela superfície do terreno.

*Focagem noturna de um crocodiliano, popularmente chamado jacaré (*Caiman *sp.) em atividade de caça, em um lago da Reserva de Desenvolvimento Sustentável Mamirauá, na Amazônia*

As principais características apresentadas pelas plantas para atrair a fauna baseiam-se nas peculiaridades de seus frutos. Sua cor, peso, tamanho, palatabilidade e o conteúdo de nutrientes são adaptações dos vegetais para determinar a escolha pelos animais. A maior parte da alimentação dos macacos frugívoros, por exemplo, baseia-se em frutos e sementes, que acabam por eles dispersos, durante o período em que estão maduros e ainda se encontram nas árvores.

Os frutos grandes, pesados e ricos em polpas, caem ao solo e são apreciados pelos roedores e outros animais, que os transportam para grandes distâncias da planta-mãe, propiciando a dispersão da espécie. Outros frutos, quando maduros, são muito atrativos pelo arilo[16] das sementes, sendo, por isso, transportados pelos seus dispersores.

Em florestas tropicais e subtropicais, podem ser encontradas espécies vegetais que florescem e frutificam durante todo o ano. Existem, porém, diferenças nos meses, dentro das estações e no número de espécies. Esses fenômenos são causados pelos fatores ambientais, como chuvas, temperatura e luminosidade. Além disso, os fatores bióticos, como animais dispersores, predadores de frutos e sementes, também podem influenciar no ritmo de frutificação das espécies.

De acordo com sua morfologia, os frutos são classificados em três categorias de dispersão: os que são levados pelo vento, cujas sementes geralmente são aladas, ou seja, adaptadas para voo, e aqueles dispersos pelos animais (aves, mamíferos e alguns peixes), que ingerem o fruto e depois defecam as sementes em condições de germinarem.

Há, ainda, os frutos não adaptados para dispersão pelo vento ou pelos animais, que ocorre por ação da gravidade, como no caso do pinheiro-do-paraná (*Araucaria angustifolia*), cujos frutos, apesar de dispersos pela gralha azul, apresentam regeneração natural à sombra da árvore-mãe. Nas florestas tropicais e subtropicais, a maior parte da dispersão de sementes e frutos, no entanto, é feita pelos animais.

[16]Arilo: saliência observada na superfície de muitas sementes, como a sapucaia (*Lecythis pisonii*).

Saiba mais

A LENDA DA GRALHA AZUL

Certa vez, uma gralha acordou com o barulho de golpes de machado. O pinheiro que a abrigava estava sendo derrubado. Assustada, a ave fugiu, voando alto, até as nuvens. Lá ouviu uma voz que lhe disse: 'Volte para os pinheirais, você será pintada de azul e de agora em diante irá plantar pinheiros'. A gralha assumiu então uma bela coloração de azul, exceto na cabeça, e voltou ao seu hábitat. Passou a descascar uma parte da polpa dos pinhões, evitando seu apodrecimento e enterrando-os (do lado mais propício para a germinação). Quando esquecidos ou não localizados, os pinhões transformaram-se em grandes pinheiros. Assim a gralha e suas árvores deixaram de ser lenda...

Fonte: www.sohistoria.com.br. Acesso: 2/2/2013.

Algumas formas de associações ecológicas entre plantas e animais

Tipo de associação	Características
Familiar	Constituída por indivíduos de uma mesma família: o macho, a fêmea, os filhotes. Quando atingem a idade adulta, buscam parceiros para formar novos núcleos familiares. P. ex.: primatas
Gregária	Para aumentar suas possibilidades de sobrevivência, algumas espécies de animais, peixes e aves convivem e se deslocam juntos, colaborando entre si. P. ex.: manadas de cervos e elefantes
Social	Grupos de indivíduos que compartilham o hábitat e dividem as atividades entre si, constituído uma organização de classes distintas. P. ex.: formigas, cupins, abelhas
Mutualismo	Associação entre duas espécies distintas, que convivem e se beneficiam mutuamente. P. ex.: certas árvores e palmeiras que produzem frutos para alimentar aves; estas, por sua vez, se encarregam da dispersão das sementes
Comensalismo	Ocorre quando uma das espécies se alimenta dos restos de alimentos deixados por outra. P. ex.: urubus e onças
Cooperação	Relação benéfica entre duas espécies distintas, desnecessária à sua sobrevivência. P. ex.: aves que capturam insetos na pele de bovinos
Parasitismo	Ocorre quando uma das espécies vive dentro ou sobre o corpo de outra. P. ex.: certas plantas, como a erva-de-passarinho, ou insetos, que se alimentam do sangue de outros animais
Predação	Nessa associação, as presas – os indivíduos prejudicados – são eliminadas para alimentar os predadores, os beneficiados. P. ex.: serpentes e tubarões (predadores) que se alimentam, respectivamente, de alguns mamíferos e de peixes menores
Competição	Ocorre quando vários indivíduos semelhantes, mas de espécies distintas, ocupam a mesma área geográfica, levando-os, por exemplo, a competir pelas mesmas fontes alimentícias. Em geral, a menos apta é eliminada pelas demais

Fonte: Adaptado de Enciclopédia do Estudante (2008).

Composição da fauna

Dentre os animais que compõem a fauna, existem inúmeras espécies de répteis, anfíbios, peixes, insetos, invertebrados bentônicos[17] e zooplanctônicos[18], mamíferos e aves. Os mamíferos pertencem a um grupo chamado mastofauna e as aves à avifauna.

a) Mastofauna

A mastofauna é representada pelo grupo dos mamíferos que compreende os animais com temperatura corporal constante (homeotérmicos), que apresentam pelos em algum momento de sua vida e glândulas sudoríparas, sebáceas e mamárias. Estas últimas são as de maior relevância, pois permitem que as fêmeas alimentem seus filhotes nos primeiros estágios do seu desenvolvimento.

No planeta, o grupo da mastofauna é o de mais ampla distribuição; praticamente não existe hábitat onde não possa ocorrer. Sua maior diversidade, no entanto, ocorre nas zonas tropicais. Os mamíferos têm grande heterogeneidade em sua biologia, ecologia, comportamento e anatomia, apresentando grande variedade de formas e de tamanho (de quatro centímetros e dois gramas, como o musaranho[19], até trinta metros e cem toneladas, como a baleia azul), com adaptações para correr, saltar, escavar, nadar, mergulhar, escalar e voar.

Em inventário realizado em nível mundial (Wilson & Reeder, 1993) foram reconhecidas 4 628 espécies de mamíferos viventes no planeta. Esse número, porém, pode estar subestimado, pois a maioria dos estudos é, ainda, de natureza pontual, e existem vá-

Saiba mais

Uma espécie é considerada endêmica de determinado ambiente quando existe somente naquele local. Seu valor ecológico é grande, por ser única, ou seja, por possuir combinações genéticas ímpares, formadas, geralmente, por processo evolutivo em condições de isolamento.

[17] Organismos bentônicos são aqueles que vivem no substrato de fundo de ecossistemas aquáticos (rios, lagos, oceanos etc.), pelo menos, durante parte de seu ciclo de vida. Este substrato pode ser formado por sedimentos, pedaços de madeira, folhas, algas, rochas etc. Os macroinvertebrados bentônicos, ou simplesmente zoobentos, são os animais que ficam retidos em redes com malha de 200 a 500 mm. Macroinvertebrados bentônicos são sedentários, não podendo evitar, rapidamente, mudanças ambientais prejudiciais e exibem variados graus de tolerância à poluição. Por essas razões, eles têm sido amplamente utilizados como bioindicadores de qualidade da água, do nível de poluição e/ou alteração de um ambiente aquático.

[18] O zooplâncton é composto por grupos de diferentes animais, que vivem flutuando em águas abertas, ou associados às plantas aquáticas, às margens dos lagos e dos rios. Ao microscópio, podem ser vistos protozoários, pequenos crustáceos, rotíferos e larvas de insetos e, com menor frequência, vermes, cnidários e larvas de moluscos.

[19] Musaranho: mamífero da família *Soricidae*, considerado o menor do mundo, de hábitos insetívoros. Ocorre na América do Norte, Europa, Norte da África e Oeste da Ásia.

rios problemas para sua classificação, principalmente, em relação aos pequenos mamíferos (roedores, marsupiais e morcegos).

Das 49 espécies terrestres de mamíferos brasileiros, reconhecidas como ameaçadas, quase 50% estão restritas ao território nacional, e 33 são endêmicas no bioma onde ocorrem, sendo 17 na Amazônia, 14 na Mata Atlântica e uma no Cerrado e Caatinga (Fonseca *et al.*, 1994).

b) Avifauna

É representada pelo conjunto de espécies de aves, cuja pele é revestida de penas, com membros anteriores transformados em asas, boca prolongada em bico, pulmões com sacos aéreos; são desprovidos de dentes e de bexiga e são ovíparos.

A avifauna brasileira é uma das mais interessantes do mundo. A segunda edição do livro *Ornitologia Brasileira* (Sick, 1997), registra um total de 1 677 espécies, que inclui tanto aves residentes (que se reproduzem no Brasil) quanto as visitantes (que migram para o território brasileiro em determinadas épocas do ano e retornam às suas regiões de origem para se reproduzirem).

Saiba mais

A Organização Não Governamental *Conservation International Brasil* calcula que grande parte das aves consideradas hoje em extinção no país (mais de 70%) são originárias da Mata Atlântica. Muitas delas são espécies endêmicas, ou seja, ocorrem somente naquele bioma.

Com isso, o país ocupa o segundo lugar entre os países com maior diversidade, abrigando 1 822 tipos de aves, atrás apenas da Colômbia (1 865 espécies), de acordo com a lista do Comitê Brasileiro de Registros Ornitológicos, divulgada em outubro de 2008.

A grande diversidade de aves do Brasil – fato que se repete, também, com mamíferos e plantas – é devida, principalmente, à existência de ecossistemas bastante variados, como as florestas de várzea, igapó e de terra firme da Amazônia; as florestas úmidas de planícies e montanhas da Mata Atlântica; a Caatinga nordestina; os diversos hábitats do Cerrado do Brasil central; o Pantanal matogrossense; os campos da região Sul; e as praias e os manguezais do litoral.

Quando se fala no "número de espécies de aves no Brasil" é preciso salientar algumas ressalvas importantes. A primeira é que existem, ainda, grandes parcelas do território praticamente desconhecidas em termos ornitológicos. A Amazônia brasileira, por exemplo, a maior região contínua de florestas tropicais úmidas do mundo, abriga mais de um terço de todas as espécies animais e vegetais do planeta. À medida que se amplia o conhecimento sobre áreas mais isoladas, registram-se novidades na listagem de aves brasileiras.

Embora a classe "aves" seja bem estudada, sob o ponto de vista sistemático, ainda há novas espécies sendo descobertas no Brasil, como ocorreu no caso do acrobata (*Acrobatornis fonsecai*), descrito apenas em 1996. Para se ter uma ideia da frequência com que aumenta a lista de aves brasileiras, a primeira edição de Ornitologia Brasileira, datada de 1985, registrava 1 590 espécies, 87 a menos do que a última edição, publicada em 1997. Isso leva a crer que novos estudos possam, num futuro próximo, apontar o Brasil como o país de maior diversidade do mundo, opinião compartilhada por alguns dos melhores especialistas no assunto.

Outro aspecto relevante da avifauna brasileira é o elevado número de espécies encontradas exclusivamente no país, definidas como endêmicas. Segundo dados da Organização Não Governamental *Conservation International*, são 191 espécies, o que coloca o Brasil em terceiro lugar em termos mundiais, atrás apenas da Indonésia (397) e da Austrália (355).

Apesar da elevada diversidade de espécies e de endemismos, nem todos os dados são favoráveis. Com 103 espécies ameaçadas, o país ocupa um triste segundo lugar nesse *ranking*, pouco atrás da Indonésia, com 104, e pouco à frente da China, com 90.

Os desmatamentos já destruíram quase 70% da área do Cerrado e mais de 10% da Amazônia Legal brasileira. Também reduziram a exuberância da Mata Atlântica a uma área inferior a 7% da que ocupava originalmente. Pode-se imaginar, pois, a ameaça de extinção que isso deve representar às espécies nativas desses ambientes.

Transporte ilegal de aves capturadas para comercialização

Além da alteração de hábitats, outras atividades humanas causadoras da extinção de espécies são a caça indiscriminada, muitas vezes, praticada como esporte, e a captura de exemplares na natureza para servirem de animais de estimação, como frequentemente ocorre com papagaios e araras.

Acredita-se que o tráfico de animais silvestres seja a terceira atividade ilegal que mais movimenta recursos financeiros em todo o mundo, superado apenas pelo tráfico de drogas e pelo de armas, o que fornece uma dimensão da gravidade desse problema.

Comércio ilegal de animais silvestres

Infelizmente, apesar da legislação existente, muitos exemplares da rica fauna brasileira ainda são comercializados no país e até no exterior. Dos animais silvestres capturados ilegalmente no Brasil, estima-se que 30% são exportados. O principal fluxo interno desse tráfico dirige-se da região Nordeste para a região Sudeste, precisamente para o eixo Rio de Janeiro-São Paulo.

FAUNA

Ibama faz apreensão de 1.232 aves silvestres em Pernambuco

13 foram presos, um deles após repreensão do ministro Carlos Minc

João Domingos
BRASÍLIA

O Instituto Brasileiro do Meio Ambiente e dos Recursos Naturais Renováveis (Ibama) apreendeu 1.232 aves, 15 jabutis, um tatu e um veado catingueiro em cinco municípios da Zona da Mata e do sertão de Pernambuco. Na operação, 13 pessoas acusadas de tráfico de animais silvestres foram presas. De acordo com cálculos do Ibama e de organizações não-governamentais, os animais valeriam cerca de US$ 3 milhões no mercado externo, principalmente europeu, levando-se em consideração que a média de preço no mercado final é de US$ 3 mil. Só que de 10 pássaros aprisionados, 9 costumam morrer antes de chegar ao destino.

Plano para Clima é melhor que nada, avalia Pinguelli

Apresentado anteontem pelo governo federal, o Plano Nacional sobre Mudança Climática "pode ser aprimorado", na avaliação do físico Luiz Pinguelli Rosa, secretário-executivo do Fórum Brasileiro de Mudanças Climáticas. Também diretor da Coordenação dos Programas de Pós-Graduação em Engenharia (Coppe) da UFRJ, ele afirmou, porém, considerar o plano "um avanço". "Antes, não tínhamos nada", declarou. O professor citou especificamente dois pontos – desmatamento e energia – que deveriam ser aprimorados.

O presidente do Ibama, Rober-

E ajuda a destruir a fauna do Brasil, além de enriquecer os grandes traficantes. Só que eles não vão presos. Quem vai preso é você."

De acordo com Minc, essa foi a maior apreensão de animais silvestres na história do Ibama. Agentes do instituto, no entanto, disseram que é a maior desde 2008. A operação foi realizada nas cidades de Serra Talhada, Custódia, Sertânia, Belo Jardim e Caruaru. Entre as 35 espécies de pássaros, estavam galo de campina, tico-tico, azulão, papa-capim, patativa, canário-da-terra, canção de fogo, asa branca, papagaios de vários tipos e bico-de-veludo. Este último, raríssimo, é todo azul, o mais bonito. É também o mais valorizado. Pode

Fonte: Jornal *O Estado de S. Paulo*, 27/9/2008.

Grande parte desses animais e muitas plantas são contrabandeados diretamente para países vizinhos, pelas fronteiras fluviais e terrestres. De lá, seguem para as nações mais desenvolvidas. As principais rotas partem da região Nordeste; da região Centro-Oeste, passando pelo estado de Minas Gerais; e da região Norte, todos convergindo para a região Sudeste.

Os meios mais utilizados para o transporte dos animais são: a carroceria de caminhões, juntamente com as mais variadas cargas; dentro de porta-malas de automóveis, em ônibus rodoviários clandestinos e até em aviões particulares.

Normalmente, os animais, principalmente as aves, são transportados dentro de pequenas caixas, caixotes e até em malas, com pouca ventilação, permanecendo várias horas sem receber água e comida. Para driblarem a angústia, o medo e a agitação dos animais, pratica-se todo tipo de tortura e de crueldade, como a mutilação, a cegueira e a administração de calmantes e bebidas alcoólicas. Apesar das cruéis condições de transporte a que são submetidos, muitos conseguem resistir. E mesmo diante do número de mortes ocorridas, o lucro dos traficantes é significativo.

De acordo com os especialistas, os traficantes procuram as espécies de aves mais resistentes, em que a taxa de mortalidade seja mínima, diminuindo os riscos da atividade. Do Nordeste, preferem trazer o galo-de-campina (*Paroaria dominicana*); o azulão (*Passerina brissoni*); o canário-da-terra (*Sicalis flaveola*); o papagaio-verdadeiro (*Amazona aestiva*); e o corrupião (*Icterus icterus jamacaii*). Este último, mais frágil, é trazido de qualquer forma, devido à grande procura: é preferido pelo seu belo canto e pela coloração da plumagem (laranja e preta), alcançando um

valor de comércio bastante elevado. Dentre as espécies de menor interesse, devido à baixa resistência, destacam-se os vários tipos de *Sporophila* (patativas e coleiras).

Pesca clandestina de tartarugas no rio Tefé, na Amazônia

A estrutura organizacional do tráfico ilegal de animais silvestres divide-se em:

a) **Primeiros intermediários:** Pessoas de pouca expressão comercial, os "mascates", "regatões" (barqueiros que atuam nos rios das regiões Norte e Centro-Oeste, realizando escambo de produtos básicos por animais silvestres), pequenos comerciantes rurais, fazendeiros, caminhoneiros, motoristas dos ônibus e ambulantes, que transitam entre a zona rural e os médios e grandes centros urbanos;

b) **Intermediários secundários:** Pequenos e médios comerciantes, que atuam clandestinamente no comércio varejista. Fazem a ligação com os atacadistas, voltados para o tráfico internacional;

c) **Grandes comerciantes:** Responsáveis pelo contrabando em larga escala (incluem-se os traficantes brasileiros e estrangeiros especializados, alguns proprietários de criadouros ditos "científicos", comerciais, ou mesmo, conservacionistas, e, ainda, empresários legalmente constituídos, com conexões no mercado internacional de animais silvestres);

d) **Consumidores finais:** Proprietários domésticos, grandes criadores particulares ou zoológicos, industriais ligados a curtumes ou à fabricação de bolsas e calçados, entre outros.

Número de espécies ameaçadas de extinção no mundo

Plantas	8 390
Peixes	1 173
Anfíbios	1 811
Répteis	341
Aves	1 206
Mamíferos	1 093

Fonte: World Resources Institute (2006).

Ações práticas de proteção à fauna

Seguem sugestões de algumas ações práticas de proteção à rica fauna silvestre brasileira, preservando a biodiversidade:

a) Não comprar animais silvestres de particulares ou de estabelecimentos comerciais, sem o necessário registro no Ibama, procurando, também, conscientizar a todos da importância em não adquiri-los;

b) Fotografar ou filmar a captura e o alojamento de animais silvestres, nativos e exóticos, e denunciar à polícia os crimes ambientais (Art. 32 da Lei Federal de Crimes Ambientais 9 605/98), pois as provas são fundamentais para combater transgressões.

A paisagem

A paisagem é considerada por alguns como um recurso natural, pois proporciona sensações relacionadas com componentes estéticos, culturais e emocionais que devem ser preservados para o bem da humanidade.

Existe no planeta uma grande diversidade de paisagens, condicionadas por inúmeros fatores, tais como relevo, clima, acidentes geográficos, luz, cores, água, vegetação e solo. Além disso, sua aparência depende do grau de interferência do homem no cenário natural.

Conceituação

Para que exista uma paisagem, são necessários dois requisitos:

a) a existência do espaço físico, constituído por uma porção de terreno e/ou por uma massa de água.

b) A percepção desse território, originada por alterações provocadas nos órgãos sensoriais humanos.

O caráter da paisagem é a impressão global criada pela combinação única entre os fatores visuais (solo, vegetação, água, céu e estruturas), observados em termos de forma, linha, cor e textura.

A paisagem caracteriza-se pela combinação do solo, vegetação, água, céu e estrutura

Exemplo de paisagem "fechada" no interior da Alemanha: as grandes montanhas formam verdadeiras "paredes" ao redor do pequeno lago

A percepção da paisagem

A imagem da paisagem se delineia na mente do homem pelas informações das cores, formas, tamanhos, movimentos, sons e da ordenação dos diversos elementos, recebidas por meio de seus sentidos. Outras informações de caráter mais oculto são obtidas pelas interações entre os diversos componentes da paisagem, tais como os seres vivos, a luz, o clima e o solo.

Diz-se que outra importante característica de uma paisagem é seu dinamismo. Elas mudam de acordo com as estações do ano, com a luminosidade e a ocorrência dos fenômenos naturais, tais como chuvas, secas, neve etc.

Componentes da paisagem

Os elementos estruturais naturais (bióticos ou abióticos) ou artificiais, que configuram a paisagem, podem ser agrupados da seguinte forma:

a) **Componentes geomorfológicos** – representados pelo relevo, pelo tipo de solo e pelos recursos hídricos;

b) **Componentes climáticos** – englobam as temperaturas, os ventos e a ocorrências de chuvas, geadas, neve, granizo etc.;

c) **Componentes bióticos** – referem-se à distribuição e à densidade das populações de plantas e animais existentes;

d) **Componentes antrópicos** – incluem as estruturas construídas pela intervenção humana, tais como pontes, represas, estradas, assentamentos rurais e urbanos, propriedades rurais, indústrias, entre outras.

A sobreposição e a combinação desses componentes resultam na plena expressão da paisagem.

Tipos de paisagem

Em relação à extensão, uma paisagem pode ser classificada em macro ou micro. A primeira, normalmente, apresenta um aspecto unificado, com a presença de fatores similares ou complementares que estendem até longa distância. A maior parte deles pode ser vista com um golpe de vista de qualquer um dos pontos mais privilegiados.

Na segunda, ou seja, na micropaisagem, os fatores similares e complementares podem até se estender por uma grande distância, mas a visibilidade fica restrita a alguns metros, vista de uma vez só.

A impressão global criada pela paisagem não pode ser rigidamente classificada, mas foram desenvolvidas algumas expressões para descrever seu caráter particular, a saber:

a) **Paisagem panorâmica:** não apresenta nenhum sentido de restrição de limites. Os objetos em primeiro e segundo plano não bloqueiam substancialmente a vista daqueles situados em último plano. As formas mais típicas são as planícies, ou os planos horizontais, como mares, pradarias ondulantes ou montanhas distantes.

b) **Paisagem de destaque:** é dominada por um objeto, ou por um grupo de objetos destacados. Pode ser uma grande árvore em um plano não arborizado, ou uma alta montanha.

c) **Paisagem fechada:** espaços grandes e abertos são circundados por grupos contínuos de objetos. Os exemplos mais

> A PAISAGEM É A CONSCIÊNCIA HUMANA DIANTE DE UM AMBIENTE, PRODUTO DO SEU POTENCIAL IMAGINATIVO E CRIADOR, UMA CONTEMPLAÇÃO VISUAL FORMULANDO SIGNIFICADOS E NOVAS IMAGENS

Hugo Segawa, arquiteto brasileiro (1996).

Exemplos de alguns tipos de paisagem

Paisagem panorâmica

Paisagem focal

característicos incluem campinas ou pequenos lagos cercados de "paredes" de árvores ou de relevos do terreno.

d) **Paisagem focal:** ocorre sempre na presença de relevos, características vegetativas ou geológicas, com um destaque no final, chamando a atenção do observador para esse ponto de convergência. Pode ser a garganta de um rio ou um atalho na floresta.

e) **Paisagem coberta:** caracteriza-se por um grupo imediatamente situado acima, como a cobertura da copa de uma árvore dentro da floresta. Este tipo de paisagem é pequeno em escala, e por isso, melhor observado a pé e em baixa velocidade.

f) **Paisagem de detalhe:** é ligada imediatamente ao primeiro plano. Podem ser minúsculos segmentos da floresta ou planos do solo de pradarias, objetos individuais ou partes deles.

g) **Paisagem efêmera:** é aquela existente por breves momentos, produzida por cinco grupos de influência. São eles: as condições atmosféricas e do tempo (nuvens, geadas, neblina, nascer e pôr do sol); imagens projetadas e refletidas (sombras, imagens espelhadas de objetos em águas paradas); deslocamentos (folhas caídas, objetos levados pelo vento); sinais (caminhos de animais e pássaros, teias de aranha); ocupação animal (pontos de estadia de animais).

A degradação da paisagem

Paisagens mais agradáveis e bonitas em todo mundo têm sofrido constantes agressões, por causa do grande afluxo de pessoas que buscam esses locais por razões estéticas, culturais, emocionais, recreacionais, sanitárias, entre outras. Os cientistas alertam para o perigo da exploração inadequada desses pontos turísticos, conduzindo à degradação ambiental. Algumas áreas podem apresentar problemas de poluição, de escassez de água, e, até mesmo, de desmatamento. Quando situados em ecossistemas mais frágeis, tais locais poderão sofrer secas prolongadas, erosão e desertificação, levando ao empobrecimento das populações residentes no entorno e da perda irreversível da biodiversidade.

Uma declaração de amor à natureza

Em 1854, o governo dos Estados Unidos quis adquirir terras indígenas na região de Puget Sound (atual estado de Washington) para dar prosseguimento à ocupação do território por imigrantes estrangeiros. Eis alguns trechos da resposta do Cacique Seattle, chefe das tribos *Suquamish* e *Duwamish*, que se constituem em verdadeiro discurso ecológico:

Como é que se pode comprar ou vender o céu, o calor da terra? Essa ideia nos parece estranha. Se não possuímos o frescor do ar e o brilho da água, como é possível comprá-los? Cada pedaço desta terra é sagrado para meu povo. Cada ramo brilhante de um pinheiro, cada punhado de areia das praias, a penumbra da floresta densa, cada clareira e inseto a zumbir são sagrados na memória e experiência de meu povo. A seiva que percorre o corpo das árvores carrega consigo as lembranças do homem vermelho.

Os mortos do homem branco esquecem sua terra de origem quando vão caminhar entre as estrelas. Nossos mortos jamais esquecem esta bela terra, pois ela é a mãe do homem vermelho. Somos parte da terra e ela faz parte de nós. As flores perfumadas são nossas irmãs; o cervo, o cavalo, a grande águia são nossos irmãos. Os picos rochosos, os sulcos úmidos nas campinas, o calor do potro, e o homem – todos pertencem à mesma família.

O Grande Chefe de Washington manda dizer que deseja comprar nossa terra. Pede muito de nós. O Grande Chefe diz que nos reservará um lugar onde possamos viver satisfeitos. Ele será nosso pai e nós seremos seus filhos. Nós vamos considerar sua oferta de comprar nossa terra, mas isso não será fácil. Essa terra é sagrada para nós.

Essa água brilhante que escorre nos riachos não é apenas água, mas o sangue de nossos antepassados. Se lhes vendermos a terra, vocês devem lembrar-se de que ela é sagrada e devem ensinar as suas crianças que ela é sagrada e que cada reflexo nas águas límpidas dos lagos fala de acontecimentos e lembranças da vida de meu povo. O murmúrio das águas é a voz de meus ancestrais.

Os rios são nossos irmãos e saciam nossa sede. Os rios carregam nossas canoas e alimentam nossas crianças. Se lhes vendermos nossa terra, vocês devem lembrar e ensinar a seus filhos que os rios são nossos irmãos e seus também. E, portanto, vocês devem dar aos rios a bondade que dedicariam a qualquer irmão.

Sabemos que o homem branco não compreende nossos costumes. Uma porção da terra, para ele, tem o mesmo significado que qualquer outra, pois é um forasteiro que vem à noite e extrai da terra aquilo de que necessita. A terra não é sua irmã, mas sua inimiga, e quando ele a conquista, prossegue seu caminho. Deixa para trás os túmulos de seus antepassados e não se incomoda. Rapta da terra aquilo que seria de seus filhos e não se importa. A sepultura de seu pai e os direitos de seus filhos são esquecidos. Trata sua mãe, a terra, e seu irmão, o céu como coisas que possam ser compradas, saqueadas, vendidas como carneiros. Seu apetite devorará a terra, deixando somente um deserto.

Eu não sei, nossos costumes são diferentes dos seus. A visão de suas cidades fere os olhos do ho-

mem vermelho. Talvez seja porque o homem vermelho é um selvagem e não compreenda.

Não há lugar quieto na cidade do homem branco. Nenhum lugar onde se possa ouvir o desabrochar das flores na primavera, ou o bater das asas de um inseto. Mas, talvez, porque eu sou um selvagem e não compreenda. O ruído parece somente insultar os ouvidos. E o que resta da vida se um homem não pode ouvir o canto solitário de uma ave ou o debate dos sapos ao redor de uma lagoa à noite? Eu sou um homem vermelho e não compreendo.

O índio prefere o suave murmúrio do vento encrespando a face do lago, e o próprio verão limpo por uma chuva diurna ou perfumado pelos pinheiros.

O ar é precioso para o homem vermelho, pois todas as coisas compartilham o mesmo sopro – o animal, a árvore, o homem, todos compartilham o mesmo sopro. Como um homem agonizante há vários dias, é insensível ao mau cheiro. Mas se vendermos nossa terra ao homem branco, ele deve lembrar de que o ar é precioso para nós, que o ar compartilha seu espírito com toda a vida que mantém. O vento que deu a nosso avô seu primeiro aspirar também recebe seu último suspiro. Se lhes vendermos nossa terra, vocês devem mantê-la intacta e sagrada, como um lugar onde até mesmo o homem branco possa ir saborear o vento açucarado pelas flores dos prados.

Portanto, vamos meditar sobre sua oferta de comprar nossa terra. Se decidirmos aceitar, imporei uma condição, o homem branco deve tratar os animais dessa terra como irmãos.

Sou um selvagem e não compreendo outra forma de agir. Vi um milhar de búfalos apodrecendo na planície, abandonados pelo homem branco que os alvejou de um trem ao passar. Eu sou um selvagem e não compreendo como é que o fumegante cavalo de ferro pode ser mais importante que o búfalo, que sacrificamos somente para permanecermos vivos.

O que são os homens sem os animais? Se todos os animais se fossem, os homens morreriam de uma grande solidão de espírito. Pois o que ocorre com os animais, breve acontece com o homem. Há uma ligação em tudo.

Vocês devem ensinar as suas crianças que o solo a seus pés é a cinza de nossos avós. Para que respeitem a terra, digam a seus filhos que ela foi enriquecida com as vidas de nosso povo. Ensinem as suas crianças o que ensinamos as nossas: a terra é nossa mãe. Tudo o que acontecer à terra, acontecerá aos filhos da terra. Se os homens cospem no solo, estão cuspindo em si mesmos.

Isto sabemos: a terra não pertence ao homem, o homem pertence à terra. Todas as coisas estão ligadas como o sangue que une a família. Há uma ligação em tudo. Assim, o que ocorrer com a terra, recairá sobre os filhos da terra. O homem não tramou o tecido da vida; ele é simplesmente um de seus fios. Tudo o que fizer ao tecido, fará a si mesmo.

Mesmo o homem branco, cujo Deus caminha e fala como ele de amigo para amigo, não pode estar isento do destino comum. É possível que sejamos irmãos, apesar de tudo. Veremos. De uma coisa estamos certos e o homem branco poderá vir a descobrir um dia: nosso Deus é o mesmo Deus. Ele é o Deus do homem, e Sua compaixão é igual para o homem vermelho e para o homem branco. A terra lhe é preciosa, e feri-la é desprezar seu criador. Os brancos também passarão; talvez mais cedo que todas as tribos. Contaminem suas camas, e uma noite, serão sufocados pelos próprios dejetos.

Mas quando de sua desaparição, vocês brilharão intensamente, iluminados pela força do Deus que os trouxe a esta terra e, por alguma razão especial, lhes deu o domínio sobre o homem vermelho. Esse destino é um mistério para nós, pois não compreendemos que todos os búfalos sejam exterminados, os cavalos sejam todos domados, os recantos secretos da floresta densa sejam impregnados do cheiro de muitos homens, e a visão dos morros obstruídos por fios que falam.

Onde está o arvoredo? Desapareceu. Onde está a águia? Desapareceu. É o final da vida e o início da sobrevivência.

Capítulo IV

A poluição

Ambiente limpo não é o que mais se limpa, e, sim, o que menos se suja[1].

Entende-se por *poluição* a deterioração das condições ambientais causada pela interferência humana; pode afetar o ar, a água e o solo, prejudicando a qualidade de vida do homem, dos animais e das plantas.

Na página anterior, fumaça expelida por indústria no interior do estado de São Paulo

A poluição do ar

Alguns tipos de indústrias e de refinarias são significativas fontes de poluição, embora o aperfeiçoamento da legislação ambiental, nos últimos anos, tenha contribuído para reduzir bastante as emissões de gases nocivos na atmosfera. Existem, também, outras fontes que, em certas condições, podem se tornar poluidoras, por exemplo:

a) a queima de resíduos urbanos, industriais, agrícolas e florestais, feita, muitas vezes, sem controle. Por sua vez, a queima de resíduos de explosivos, resinas, tintas, plásticos, pneus é responsável pela emissão de compostos perigosos à saúde humana;

b) os incêndios florestais responsáveis por emissões significativas de gás carbônico;

[1] Francisco Cândido Xavier (1910-2002), líder religioso.

Os gases emitidos pela circulação de veículos contribuem para o aumento do efeito estufa

OS VEÍCULOS RESPONDEM POR 90% DA POLUIÇÃO DO AR URBANO

Fonte: Revista *Veja*, 16/4/2008, p. 109.

c) o uso de fertilizantes e o excesso de concentração agropecuária são os principais contribuintes para as emissões de metano, amoníaco e óxido nitroso;

d) as indústrias de minerais não metálicos, a siderurgia, as pedreiras e áreas em construção são fontes importantes de emissões de partículas;

e) O uso de solventes em colas, tintas, produtos de proteção de superfícies, aerossóis, limpeza de metais e lavanderias é responsável pela emissão de quantidades apreciáveis de Compostos Orgânicos Voláteis (COV);

f) As fontes móveis, sobretudo, os transportes rodoviários, são importantes poluentes, devido às emissões dos gases de escapamento dos motores, mas, também, pelo resultado da evaporação de combustíveis. São os principais emissores de óxidos de nitrogênio (NO_x), de monóxido de carbono (CO)[2], de compostos orgânicos voláteis, além de chumbo (Pb).

[2] Os NO_x são: óxido de nitrogênio e dióxido de nitrogênio (NO_2). Este último é um composto químico constituído por dois átomos de oxigênio e um de nitrogênio. Trata-se de um gás de cor castanho-avermelhada, de cheiro forte e irritante, muito tóxico, poderoso oxidante que, em reações na atmosfera pode dar origem ao ácido nítrico, bem como a nitratos orgânicos que contribuem para a ocorrência de fenômenos com elevado impacto ambiental, como as chuvas ácidas e a eutrofização de lagos e rios. O monóxido de carbono (CO), por sua vez, por ser um gás inodoro, incolor e não irritante, pode levar à asfixia, sem aviso, em pessoas expostas a ele. É produzido pela combustão incompleta do petróleo, gás natural, carvão e turfa. É encontrado em gases de combustão produzidos pelos automóveis e pelos caminhões, nos motores movidos a diesel e a gasolina.

Principais poluentes atmosféricos

Poluente	Fontes	Processos	Efeito
Óxidos de Enxofre (SO_x)	Antropogênicas (causadas pelo homem)	Combustão (refinarias, centrais térmicas, veículos movidos a diesel) Processos industriais	Afeta o sistema respiratório Chuvas ácidas Danos em materiais
	Naturais	Vulcanismo Processos biológicos	
Óxidos de Nitrogênio (NO_x)	Antropogênicas	Combustão (veículos e indústria)	Afeta o sistema respiratório Chuvas ácidas
	Naturais	Emissões da vegetação	
Compostos Orgânicos Voláteis (COV)	Antropogênicas	Refinarias Petroquímicas Veículos Evaporação de combustíveis e solventes	Poluição fotoquímica Incluem compostos tóxicos e carcinogênicos
Monóxido de Carbono (CO)	Antropogênicas	Combustão (veículos)	Reduz a capacidade de transporte de oxigênio no sangue
	Naturais	Emissões da vegetação	
Dióxido de Carbono (CO_2)	Antropogênicas	Combustão	Efeito estufa
	Naturais	Incêndios florestais	
Chumbo (Pb)	Antropogênicas	Gasolina com chumbo Incineração de resíduos	Tóxico acumulativo Anemia e destruição de tecido cerebral
Partículas	Antropogênicas	Combustão Processos industriais Condensação de outros poluentes Extração de minerais	Alergias respiratórias Vetor de outros poluentes (metais pesados, compostos orgânicos carcinogênicos)
	Naturais	Erosão eólica Vulcanismo	
CFCs e Halons	Antropogênicas	Aerossóis Sistemas de refrigeração Espumas, sistemas de combate a incêndios	Destruição da camada de ozônio Contribuição para o efeito estufa

Fonte: Ache Tudo e Região, 2007. Disponível em: www.achetudoeregiao.com.br. Acesso: 18/2/2013.

Acidificação

Alguns poluentes, como o dióxido de enxofre (SO_2) e os óxidos de nitrogênio (NO_x), são os principais responsáveis pelo problema da acidificação no ambiente, pois, quando em contato com a água, transformam-se em ácidos sulfúrico e nítrico. Assim, dissolvidos na chuva ou na neve, atingem os solos sob a forma de sulfatos, nitratos e íons de hidrogênio. É a chamada deposição úmida.

Além disso, esses elementos (SO_2 e os NO_x) podem ser depositados diretamente no solo, ou nas folhas das plantas, como gases, ou associados às poeiras: é chamada deposição seca. A acidez é dada pela concentração de hidrogênio ($H+$) libertado pelos ácidos e, normalmente, é indicada pelos valores do potencial de hidrogênio (pH). Dessa forma, quanto maior for essa concentração em uma determinada solução, maior será a acidez e menor será o pH.

Efeitos da poluição atmosférica

A poluição atmosférica afeta a saúde humana, principalmente o sistema respiratório. Pode provocar ou agravar diversas doenças crônicas, como asma, bronquite, infecções pulmonares e enfisema pulmonar, além de problemas cardiológicos.

Além disso, os poluentes atmosféricos afetam a vegetação. Os efeitos diretos resultam da destruição de tecidos das folhas das plantas, provocados pela deposição seca de enxofre e pelas "chuvas ácidas", que se refletem na redução da área foliar, e consequentemente, na fotossíntese. Os efeitos indiretos são provocados pela acidificação dos solos, com a redução de nutrientes e pela libertação de substâncias prejudiciais às plantas, que se traduz em menor produtividade e em maior suscetibilidade a pragas e doenças.

A ação negativa dos poluentes atmosféricos nos materiais, em geral, resulta na abrasão[3], em reações químicas diretas ou indiretas, na corrosão eletroquímica, ou na necessidade de aumentar a

O que é?

CHUVA ÁCIDA

É aquela que ocorre em regiões muito poluídas, quando a água entra em contato com óxidos de enxofre e nitrogênio, tornando-se ácida. Esses gases são emitidos pela queima do carvão e dos derivados de petróleo por veículos, indústrias ou usinas termoelétricas. Ao cair, a chuva ácida pode matar a fauna aquática, inibir o crescimento de árvores e lavouras, corroer edificações e prejudicar a saúde do homem e dos animais.

Fonte: http://www.brasilescola.com. Acesso: 2/2/2013.

[3] Abrasão é o processo erosivo, ou de desgaste de rochas ou de materiais, provocado pelo impacto e/ou atrito/fricção de partículas ou fragmentos, carregados por correntes eólicas, glaciais, fluviais, marinhas, de turbidez, pelo movimento de ondas, ou ainda pela poluição atmosférica.

frequência das ações de limpeza. As rochas calcárias são as mais afetadas, principalmente, pela acidificação das águas da chuva.

Os maus odores, quando presentes no ar em grande quantidade, podem causar efeitos psicológicos nas pessoas, principalmente se estiverem associados aos locais de deposição e tratamento de resíduos sólidos, como usinas de lixo e de tratamento de esgotos, além de alguns tipos de indústrias (como por exemplo, as de celulose).

A inversão térmica

Quando a concentração de poluentes tóxicos na atmosfera é muito grande pode ocorrer a chamada inversão térmica, observada durante o inverno, em grandes centros urbanos, como Nova York, São Paulo e Tóquio.

O fenômeno ocorre mediante a combinação de certas condições que provocam a alteração na disposição das camadas na atmosfera, em decorrência do rápido resfriamento do solo, ou

A inversão térmica

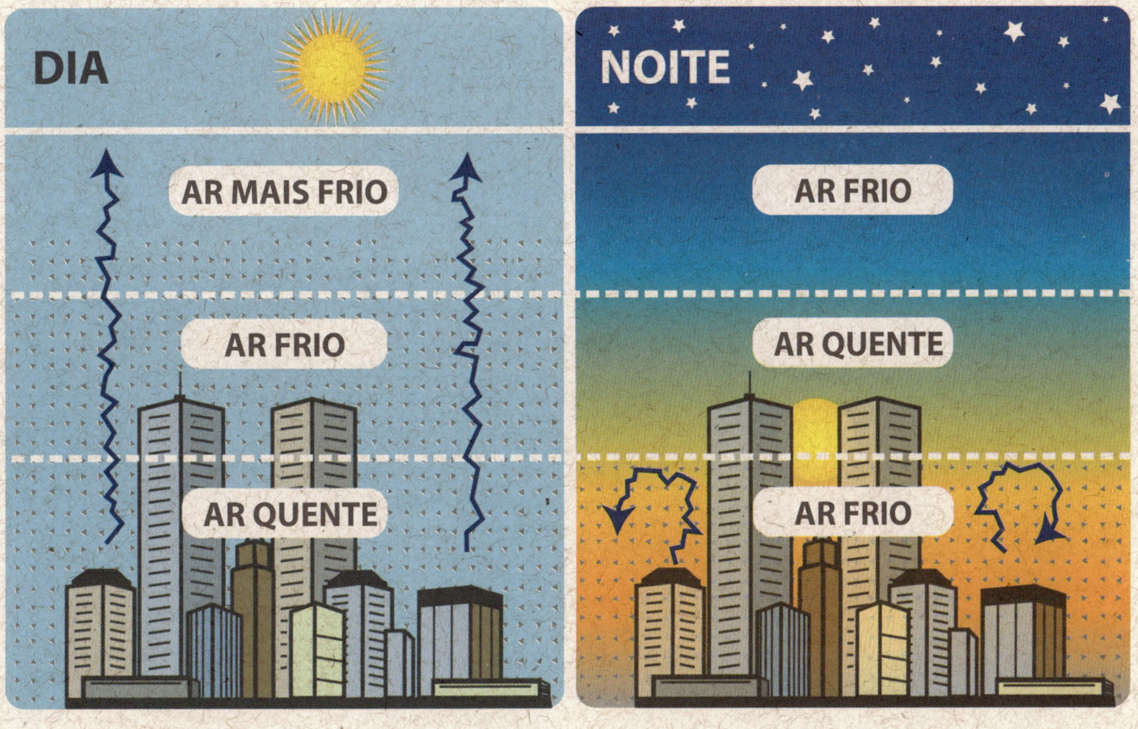

Dispersão da poluição em dias normais — *Inversão térmica*

do rápido aquecimento das camadas atmosféricas superiores. Quando isso acontece, o ar quente permanece sobre a camada de ar frio, funcionando como um bloqueio, e impedindo os movimentos verticais de convecção[4].

Dessa forma, o ar frio próximo ao solo não sobe, porque é mais denso, e o ar quente acima, menos denso, não desce. Quando isso acontece, a fumaça das chaminés e os gases produzidos pelos veículos não se dispersam pelas correntes verticais, permanecendo nas proximidades do solo. A cidade fica envolta por uma "névoa" e, consequentemente, a concentração de substâncias tóxicas aumenta muito[5].

O que é?

PEGADA ECOLÓGICA (*ecological print*, em inglês)
É um conceito criado por William Rees (1943-) e Mathis Wackernagel (1962-) para calcular a quantidade de área necessária ao sustento de determinado estilo de vida, levando em conta os recursos naturais e energéticos gastos por certa população, que podem causar impactos ambientais.

Algumas medidas de controle da poluição atmosférica

As ações para prevenir e para reduzir os efeitos da poluição do ar são fundamentais e devem ser compatíveis com o desenvolvimento industrial e social. A gestão da qualidade do ar envolve a adoção de medidas preventivas e corretivas. Entre muitas delas, pode-se citar as seguintes:

- A definição de limites de concentração dos poluentes na atmosfera, bem como a limitação dessa emissão;
- A criação de estruturas para o controle da poluição em áreas especiais;
- O apoio para a implementação de tecnologias menos nocivas ao ambiente;
- O licenciamento ambiental das fontes poluidoras;
- A utilização de equipamentos de redução de emissões (por exemplo, os catalizadores nos automóveis e a utilização de equipamentos de despoluição de efluentes gasosos nas indústrias);
- O controle dos locais de deposição de resíduos sólidos;
- A utilização de redes de monitoramento da qualidade do ar;
- O incentivo ao reflorestamento;

[4] Convecção é a transmissão do calor, nos líquidos ou nos gases, pelo movimento ou circulação das partes aquecidas (Dicionário Michaelis).

[5] http://www.feiradeciencias.com.br. Acesso: 2/2/2013.

- O estabelecimento de planos de emergência para situações graves de poluição atmosférica;
- A criação de serviços de informação e de auxílio às populações sujeitas ou afetadas pela poluição atmosférica.

Poluição das águas

As causas da poluição da água são difusas e complexas. Sabe-se, por exemplo, que a maior parte dos poluentes do ar reage com o vapor de água na atmosfera, e volta à superfície sob a forma de chuvas, contaminando, pela absorção do solo, os lençóis subterrâneos. Além disso, tanto nas cidades, como em áreas agrícolas são lançados diariamente bilhões de litros de esgotos, que poluem rios, lagos, lençóis subterrâneos e áreas de mananciais.

Os oceanos recebem, também, boa parte dos poluentes dissolvidos nos rios, além do lixo dos centros industriais e urbanos localizados no litoral. O excesso de material orgânico no mar leva à proliferação descontrolada de micro-organismos, que acabam por formar as chamadas "marés vermelhas", que matam peixes e deixam os frutos do mar impróprios para o consumo humano.

Segundo os especialistas, milhares de toneladas de óleo se espalham diariamente pela superfície dos oceanos, formando uma camada compacta que demora muito a ser absorvida. Os estudiosos alertam que é preciso impedir imediatamente a poluição dos mares, que ocupam ¾ da superfície da Terra.

Parte da poluição dos aquíferos é perfeitamente visível. Basta observar os rios com espuma acumulada, o brilho oleoso da superfície de um lago, dos cursos de água e até dos oceanos, atulhados de lixo doméstico. Existe, ainda, a poluição invisível, como aquela representada pelas chuvas ácidas.

Infelizmente, a agressão ao ambiente aquático é ainda mais extensa, pois a grande diversidade de alimentos existentes nos mares, nos lagos e nos rios também está ameaçada. Até o século XIX, o problema não era tão grave, mas o aumento da escala e da eficiência das atividades pesqueiras provocou um sério desgaste nas populações reprodutoras, afetando desde o menor crustáceo até as enormes baleias.

Saiba mais

Cerca de 25% das espécies de cetáceos estão ameaçadas, com exceção das baleias jubarte, que se recuperaram e não estão mais em risco de extinção. Os principais perigos são colisões, enredamento em redes de pesca, deterioração dos hábitats e perturbações acústicas.

Fonte: União Internacional para a Conservação da Natureza (2008).

Praia na costa do oceano Pacífico

O aumento do lançamento do lixo nos mares está exigindo constante vigilância internacional. São inúmeros os navios que derramam impunemente petróleo e poluentes químicos nas águas dos oceanos. Embora tais descargas e derrames efetuados no alto mar tenham efeitos pontuais importantes, o que mais preocupa os técnicos são áreas litorâneas, onde existem núcleos humanos, pois nesses locais, ou seja, nas plataformas continentais em que a poluição se concentra, encontra-se, também, a maioria das formas de vida marinha.

Os vazamentos de petróleo no oceano implicam no aparecimento da chamada "maré negra", que mata os peixes da região poluída e escurece a areia da praia afetada. Além do petróleo, algumas indústrias químicas localizadas no litoral ainda costumam despejar seus detritos no mar, poluindo as praias e causando grande mortalidade na fauna marinha. Outro sério problema enfrentado nas áreas litorâneas, inclusive, nas brasileiras, é o despejo de dejetos, transformando muitas praias em verdadeiros esgotos a céu aberto.

Antigamente, pensava-se que as substâncias residuais despejadas no mar se diluiriam e desapareceriam para sempre. Hoje, porém, sabe-se que elas permanecem em movimento, pois com o deslocamento das correntes, elas se concentram, ou se dispersam em determinados pontos, tornando o problema global. Além disso, as correntes ascendentes, provenientes das profundezas, sobem à superfície, podendo trazer resíduos perigosos, enterrados em locais que se pensava serem seguros.

O lixo gerado pela sociedade tornou-se uma verdadeira praga para a vida marinha. As tartarugas e as baleias ingerem sacos de plástico, confundindo-os com medusas, o que provoca sua morte por asfixia. Certa vez, foi encontrado um cachalote com cinquenta sacos de plásticos entalados na garganta. As aves marinhas ingerem pequenas bolas de polietileno que flutuam à superfície do mar, para saciar assim sua fome, e acabam prejudicadas, pois sua possibilidade de sobrevivência fica reduzida.

Nas ilhas Aleutas, no Pacífico Norte, verificou-se a diminuição da população de focas, não somente devido à caça predatória, ou à diminuição das reservas de peixes para sua alimentação, mas, também, por serem apanhadas por embalagens plásticas e pelas tiras do mesmo material utilizadas para amarrar as latas de bebidas.

Calcula-se que, anualmente, um milhão e meio de quilômetros de redes de pesca de *nylon* (conhecidas como a "cortina da morte") são lançadas ao mar e cerca de cem quilômetros de rede acabam por perder-se. Essas "redes-fantasma" capturam e provocam o afogamento de tartarugas, focas, aves marinhas, golfinhos e baleias, entre outros animais.

A poluição afeta também as águas doces – rios, lagos e até águas subterrâneas –, cada vez mais agredidas pelo excesso de poluentes gerados pelos constantes despejos de esgotos industriais, agrícolas e domésticos, carregados de substâncias nocivas. Podem ser: ovos de parasitas, fungos, bactérias e vírus que ocasionam várias doenças, como o tifo, a tuberculose, a hepatite e o cólera.

Dentre as diversas causas de poluição aquática podem ser citadas:

a) Urbana: o despejo de esgotos domésticos e o escoamento de águas pluviais provenientes de superfícies impermeáveis, incluindo ruas, edificações e outras áreas pavimentadas;

Saiba mais

A Baía da Guanabara que engloba 53 praias e quinze municípios do Rio de Janeiro tornou-se um enorme depósito de lixo a céu aberto. Recebe, diariamente, vinte toneladas de esgoto por segundo além de 1500 toneladas de lixo. O programa de sua despoluição, em andamento desde 1995, já consumiu US$ 1,1 bilhão de dólares e deve durar pelo menos mais vinte anos.

Fonte: Almanaque Socioambiental (2008)

b) **Industriais:** decorrentes das atividades de produção de determinadas fábricas que ainda não possuem equipamentos para o controle da qualidade das águas;

c) **Agrícola:** excesso de agrotóxicos e fertilizantes, que se infiltram no solo e poluem os lençóis subterrâneos de água, afetando, por sua vez, os cursos d'água;

d) **Extração de recursos minerais:** gerados pelo uso de substâncias tóxicas utilizadas nas atividades mineradoras;

e) **Modificações hidrológicas:** causadas por obras de canalizações, construção de barragens etc.

Em relatório divulgado em junho de 2008, pela Companhia de Tecnologia de Saneamento Ambiental (Cetesb), o estado de São Paulo, o mais desenvolvido do país, considerou como ruim e péssima a qualidade da água destinada ao abastecimento público, nas regiões do alto e médio Tietê, da Baixada Santista e de Piracicaba/Capivari/Jundiaí, durante o ano de 2007.

O lançamento de esgoto doméstico *in natura* continuava a ser a principal causa da degradação das águas dos rios e dos reservatórios paulistas. Em 2008, o percentual de coleta de esgoto era de 86%, mas o de tratamento, de apenas 45%. De maneira geral, o maior déficit ocorre nos municípios com população entre 100 000 e um milhão de habitantes.

A boa notícia divulgada no relatório foi a redução na concentração de poluentes do rio Tietê, o maior do estado paulista. No trecho em que banha a capital (entre São Miguel Paulista e a Ponte dos Remédios), a carga de esgoto bruto, ou seja, sem qualquer tratamento, caiu pela metade, nos últimos dez anos.

A melhoria, de acordo com o documento, deve-se à execução de obras, que possibilitaram o aumento dos índices de coleta de esgotos e de seu tratamento, bem como a redução das cargas poluidoras industriais orgânicas e inorgânicas. O nível de oxigênio observado na água, de 0 a 0,5 mg por litro, porém, continua abaixo das condições adequadas para a existência de vida aquática. Para que isso seja possível, deveria estar com 5 miligramas por litro (mg/L) de oxigênio.

Em outras regiões do Brasil, longe dos centros urbanos, as fontes poluidoras das águas, além dos esgotos domésticos podem ser

Saiba mais

No início de 2008, os técnicos da Companhia de Saneamento Básico do Estado de São Paulo (Sabesp) comemoraram: o rio Tietê começou a mostrar sinais de vida com o ressurgimento de algumas espécies de peixes na região de Sorocaba (SP). A mancha de poluição recuou, mas ainda se estendia por 120 quilômetros com a descarga diária de 690 toneladas de esgotos na região metropolitana.

Fonte: noticias.uol.com.br. Acesso: 24/2/2008.

de outra natureza: na Amazônia, o mercúrio utilizado nos garimpos para a separação do ouro é problema preocupante. Grandes quantidades desse metal, utilizado para a lavagem do minério, são lançadas nas águas dos rios, envenenando os peixes. No Centro-Oeste e no Pantanal, são os fertilizantes, inseticidas, fungicidas e herbicidas, utilizados em larga escala nas atividades agropecuárias, que podem prejudicar a qualidade das águas e a vida aquática.

Lixo cobre a superfície da água do rio Juqueri, na altura do município de Cajamar (SP)

Para combater a poluição das águas doces, as principais recomendações são: não jogar lixo, não canalizar esgotos de residências diretamente para os cursos d'água, não desperdiçar água e, também, avisar as autoridades competentes, caso se observe alguma descarga de substâncias poluentes nos rios por indústrias.

A poluição térmica das águas

Este tipo de poluição decorre do lançamento, nos aquíferos, de água aquecida usada no processo de refrigeração de alguns tipos de indústrias. Apesar de muitas delas já efetuarem opera-

A POLÍTICA NACIONAL DE RESÍDUOS SÓLIDOS DE 2010 DETERMINA, ENTRE OUTRAS MUDANÇAS, O FECHAMENTO DE TODOS OS "LIXÕES" DO PAÍS E SUA SUBSTITUIÇÃO POR ATERROS SANITÁRIOS.

Fonte: www.planetasustentável.abril.com.br. Acesso: 16/3/2013.

ções de resfriamento, ainda são sentidos os efeitos negativos desse despejo nos seres aquáticos. As altas temperaturas conduzem à aceleração do metabolismo, ou seja, das atividades químicas que ocorrem nas células, provocando o aumento da necessidade de oxigênio e, por consequência, a aceleração do ritmo respiratório, comprometendo a saúde desses seres vivos. Combinada e reforçada por outros tipos de poluição, a térmica pode empobrecer o ambiente de forma imprevisível.

A poluição radioativa

Desde o início da era atômica, as centenas de experiências e atividades com material nuclear têm despejado quantidades enormes de resíduos radioativos na atmosfera. As correntes de ar, por sua vez, encarregam-se de distribuir esse material para todas as regiões da Terra. Com o tempo, a suspensão é trazida de volta para o solo e para os oceanos, onde será absorvida e incorporada pelos seres vivos.

Além da liberação direta de material radioativo, existe o grave problema do lixo atômico, produzido pelas usinas nucleares, que apresenta uma série de dificuldades para seu armazenamento. Por sua vez, o elemento estrôncio-90, liberado por vazamentos ou explosões nucleares, pode causar sérios problemas, quando assimilado pelo homem. Infiltrado na corrente sanguínea, é confundido com o cálcio e absorvido pelo tecido ósseo, onde será fixado. Ao integrar a estrutura óssea, essa substância emite sua radiação, provocando sérias mutações cancerígenas nos tecidos formadores de sangue, encontrados na medula óssea.

A poluição sonora

As principais fontes de poluição sonora são aquelas causadas pelos veículos automotores e aviões, pelas indústrias, pelos aparelhos domésticos e outras fonte não localizadas. O som indesejável – ruído – pode provocar surdez, problemas psicológicos (irritabilidade, agressividade, alucinação, medo etc.), bem como problemas de saúde (hipertensão, dores de cabeça, distúrbios da atenção, úlceras etc.). Alguns estudos mostraram também que

A tolerância humana a alguns tipos de ruídos

Grau	Fontes	Qualificação da área	Decibéis (dB)
Intolerável	Avião a baixa altura	Surdez	Maior que 100
Doloroso	Funcionamento de britadeira	Perigosa	100
Forte	Via pública com trânsito pesado	Perigosa	90-80
Barulhento	Via pública com trânsito normal	Sem risco	70-60
Baixo	Música suave	Sem risco	50-40
Muito baixo	Campo ao ar livre	Silenciosa	30-20
Silencioso	Ruído de folhas caindo de árvore	Silenciosa	10-0

as pessoas mais expostas a sons intensos ficam menos propensas a ajudar o próximo.

Para evitar os distúrbios causados pela exposição à poluição sonora, existem algumas medidas paliativas:

- Instalação de painéis acústicos às margens de rodovias movimentadas;
- Implantação de aeroportos em áreas distantes aos centros urbanos;
- Isolamento acústico de janelas e paredes de edificações;
- Usos de equipamentos de segurança (tampões de ouvido) por pessoas expostas a ruídos intensos.

A poluição do solo e do subsolo

A acumulação dos resíduos sólidos no solo também se constitui um problema angustiante das sociedades modernas, principalmente aqueles provenientes dos lixos domésticos, tais como papéis, papelões, plásticos, vidros, restos de alimentos etc. Além de representarem um foco de contaminação no terreno, ou um excelente meio para o desenvolvimento de insetos e roedores, prejudicam a paisagem, podendo, ainda, contribuir para a contaminação das águas superficiais e subterrâneas, pela água da chuva, principalmente, quando os terrenos são permeáveis.

De acordo com a legislação, a poluição do solo consiste na deposição, disposição, descarga, infiltração, acumulação, injeção ou enterramento de substâncias ou produtos poluentes, em es-

Alguns poluentes do solo

Fonte poluidora	Produto químico	Efeitos
Inseticidas	DDT	Câncer, danos no fígado, embriões e ovos de aves
	BHC	Câncer, danos a embriões
Solventes, produtos farmacêuticos e detergentes	Benzina	Dor de cabeça, náusea, perda de coordenação dos músculos, leucemia
Plásticos	Cloro Vinil	Câncer do fígado e do pulmão; atinge o sistema nervoso central
Herbicidas e incineração do lixo	Dioxina	Câncer, defeitos congênitos, doenças de pele
Componentes eletrônicos, fluidos hidráulicos e luzes fluorescentes	PCBs	Danos à pele e ao sistema gastrointestinal; possíveis carcinógenos
Tintas e gasolina	Chumbo	Dor de cabeça, irritabilidade, perturbações mentais em crianças; danos ao fígado, aos rins e ao sistema neurológico
Processamento de zinco, fertilizantes e baterias	Cádmio	Câncer em animais; danos ao fígado e aos rins

Fonte: Manual Global de Ecologia, 2002.

tado sólido, líquido ou gasoso (Decreto n. 28 687/82, art. 72). Assim, a contaminação ocorrerá sempre que houver adição de compostos, modificando suas características naturais e as suas utilizações, produzindo efeitos negativos.

A questão do lixo

Em face do acelerado processo de urbanização e crescimento das cidades, que concentram um número cada vez maior de habitantes, o acúmulo de lixo nos espaços urbanos e em seus arredores aumentou consideravelmente nos últimos anos, como resultado do fluxo contínuo de materiais produzidos ou utilizados pelas populações.

De acordo com a Associação Brasileira de Normas Técnicas (2004), os resíduos sólidos ou semissólidos são os que "resultam das atividades de origem industrial, doméstica, hospitalar, comercial, agrícola, de serviços e de varrição". Ficam incluídos nesse conceito os lodos provenientes de sistemas de tratamento de água, aqueles gerados em equipamentos e instalações de controle de poluição, bem como determinados líquidos, cujas particularidades tornem viável seu lançamento na rede pública de esgotos ou corpos d'água.

Os principais componentes do lixo doméstico são:

- **Matéria orgânica:** restos procedentes da preparação de alimentos e sobras de comida
- **Papel e papelão:** jornais, revistas, folhetos publicitários, correspondências, caixas e embalagens
- **Plásticos:** garrafas, sacolas, embalagens, pratos, copos e talheres descartáveis

Calcula-se que quase metade do lixo coletado no Brasil tem destinação inadequada. Na foto, aterro sanitário em Itapecerica da Serra (SP), em junho de 2008

O BRASIL PRODUZ MAIS DE 125 MIL TONELADAS DE RESÍDUOS DOMICILIARES POR ANO E APENAS UMA PEQUENA PARCELA É RECICLADA

Fonte: IBGE, 2000.

- **Vidros:** garrafas, frascos diversos, louça quebrada etc.
- **Metais:** latas, potes, tampas etc.
- **Outros:** pilhas, baterias etc.

CALCULA-SE QUE O BRASIL PERDE 8 BILHÕES DE REAIS POR ANO PORQUE NÃO RECICLA TUDO O QUE PODERIA

Fonte: www.abril.com.br. Acesso: 4/5/2010.

Destinação dos resíduos

Dentre as diversas áreas que compõem o saneamento ambiental, a de destinação de resíduos sólidos tem sido uma das mais analisadas, com o objetivo de aprofundar conhecimentos para seu aperfeiçoamento e profissionalização.

Vários tratamentos podem ser usados para minimizar os efeitos que os resíduos sólidos causam ao ambiente. Como exemplos, podem ser citados os seguintes: biorremediação[6], aterro controlado, incineração e aterro sanitário. Este último, por ser o mais econômico, é o mais utilizado.

Para diminuir a produção de lixo e evitar seu despejo pela população em locais inapropriados, é necessário implementar ações efetivas de educação ambiental[7] que introduzam princípios sobre o ambiente e a poluição, criando a conscientização de todos em relação à disposição do lixo. O objetivo é levar as pessoas a pensarem mais na reciclagem e na reutilização de produtos considerados inservíveis.

Nesse contexto, pode-se implantar o programa para controle dos resíduos denominado de 3Rs (Reduzir, Reutilizar e Reciclar), para evitar que maior quantidade de materiais se transforme em lixo.

A reciclagem é uma maneira adequada de manejo do lixo; consiste em fazer coisas novas a partir de coisas usadas, reduzindo seu volume. Contribui para diminuir a poluição e a contaminação, e para promover a recuperação natural do ambiente, pois possibilita a economia de materiais e de energia usada para

Saiba mais

O lixo das trezentas maiores cidades brasileiras pode servir para a produção de 15% da energia elétrica consumida no país, por meio do processamento em usinas termelétricas, segundo informação do Plano Decenal de Produção de Energia 2008-1017, do Ministério de Minas e Energia.

Fonte: Jornal *O Estado de S. Paulo*, 2/10/2008, p. C3.

[6] Biorremediação: processo que utiliza microrganismos ou enzimas para degradar compostos poluentes, recuperando, assim, áreas contaminadas ou poluídas.

[7] Educação Ambiental: processo pelo qual o indivíduo e a coletividade constroem valores sociais, conhecimentos, habilidades, atitudes e competências voltadas para a conservação do ambiente, patrimônio de uso do povo, essencial à qualidade de vida e à sua sustentabilidade.

Lixeiras instaladas em posto de abastecimento no município de Piracicaba (SP) facilitam a reciclagem dos resíduos

fabricação de outros produtos. Dessa forma, prolonga a utilidade de recursos naturais indispensáveis à sobrevivência humana.

Para estimular essa ação em favor do ambiente, foi criado um símbolo, a ser impresso nos produtos que podem ser reciclados. Compõem-se de três setas, cada uma delas representando o grupo de pessoas indispensáveis à ocorrência do processo: os fabricantes, os consumidores e as companhias de reciclagem, que efetuam a coleta do material usado e o vendem, para que seja transformado em um novo produto.

Símbolo da reciclagem

Tempo estimado de decomposição de materiais

Resíduo	Tempo estimado de degradação (em anos)
Vidro	10000
Lata de aço	10
Papel	3 meses
Lata de alumínio	100-500
Borracha	100
Pontas de cigarro	02
Cascas de frutas	3 meses
Fósforos	02
Chicletes	05
Sacos e copos plásticos	200-400
Pilhas	100-500
Garrafas de plástico e de vidro	Indeterminado

Fonte: Szabó Jr. (2008).

DEZ MANDAMENTOS AMBIENTAIS

A espécie humana tem usado sua capacidade de modificar o ambiente nem sempre para melhorar as condições naturais. É preciso agir rapidamente para sanar os graves problemas decorrentes dessa intervenção equivocada e garantir a sobrevivência da espécie humana. Reveja seu cotidiano e tome as atitudes que julgar mais corretas e adequadas.

1. Estabeleça princípios ambientalistas

Estabeleça compromissos e padrões ambientais com metas possíveis de serem alcançadas.

2. Faça uma avaliação de recursos utilizados e processos adotados

Verifique os recursos utilizados e o resíduo gerado. Confira se há desperdício de matéria-prima e, até mesmo, de esforço humano. O objetivo será encontrar meios para reduzir o uso dos recursos e evitar o desperdício.

3. Estabeleça uma política ecológica de compras

Priorize a compra de produtos ambientalmente corretos, por exemplo, os biodegradáveis. Escolha aqueles mais duráveis, de melhor qualidade, recicláveis, ou que possam ser reutilizáveis. Evite produtos descartáveis e não recicláveis, como canetas, copos de papel, utensílios para consumo de alimentos etc.

4. Incentive os amigos a cooperarem

Fale com todos a sua volta sobre a importância de agirem de forma ambientalmente correta. Sugira e participe de programas de incentivo como a nomeação periódica de um 'campeão ambiental' para quem se destacar na busca de formas alternativas de combate ao desperdício e de práticas poluentes no convívio familiar ou no ambiente de trabalho.

5. Evite o desperdício

Ajude a implantar e participe da coleta seletiva de lixo. Você estará contribuindo para poupar os recursos naturais, aumentar a vida útil dos depósitos de lixo, e diminuir a poluição. Investigue o desperdício com energia e com água. Use os dois lados do papel, prefira o *e-mail*, em vez de imprimir cópias e guarde seus documentos em CDs ou DVDs, substituindo ao máximo o uso do papel. Promova o uso de transporte alternativo ou solidário, planeje um rodízio de automóveis para que as pessoas viajem juntas, ou para que usem bicicletas, transporte público ou, mesmo, caminhem. Considere a possibilidade de trabalho a distância, quando apropriado, permitindo que funcionários permaneçam em suas casas, pelo menos, um dia na semana, utilizando correio eletrônico, linhas extras de telefone e outras tecnologias de baixo custo para facilitar a comunicação no próprio domicílio.

6. Evite poluir o ambiente

Faça uma avaliação criteriosa e identifique as possibilidades de diminuir o uso de produtos tóxicos. Converse com fornecedores sobre alternativas para a substituição de solventes, tintas e outros produtos tóxicos. Elabore um plano de descarte, incluindo pilhas e baterias, cartuchos de tintas de impressoras etc. Regule os motores dos automóveis sistematicamente e mantenha a pressão dos pneus nos níveis recomendáveis. Assegure-se que o óleo dos veículos é descartado da maneira correta.

7. Evite riscos de acidentes

Aja sempre preventivamente. Verifique com cuidado todas as possibilidades de riscos de acidentes ambientais e tome iniciativas ou participe do esforço para minimizar seus efeitos. Participe de treinamentos e da preparação para emergências.

8. Anote os resultados alcançados

Registre cuidadosamente suas metas ambientais e os resultados alcançados. Isso contribui para que você se mantenha estimulado e permite avaliar as vantagens obtidas com as medidas ambientais adotadas.

9. Comunique-se

No caso de problemas que possam prejudicar seu vizinho ou outras pessoas, tome a iniciativa de informar em tempo hábil para que possam minimizar prejuízos. Busque manter uma atitude de diálogo com o outro.

10. Arranje tempo para o trabalho voluntário

Não adianta ficar só estudando e conhecendo mais sobre a natureza. É preciso combinar estudo e reflexão com ação. Considere a possibilidade de dedicar uma parte do seu tempo, habilidade e talento para o trabalho voluntário ambiental, a fim de fazer a diferença, contribuindo de forma concreta e efetiva para a melhoria da vida do planeta. Você pode, por exemplo, plantar e cuidar de uma árvore, organizar e participar de mutirões ecológicos de limpeza e recuperação de ecossistemas e áreas de preservação degradadas, resgatar e recuperar animais atingidos por acidentes ecológicos ou mesmo abandonados na rua, fazer palestras em escolas e redigir um projeto destinado a obter recursos para a implantação e manutenção de um parque, ou mesmo para viabilizar uma solução para problema ambiental etc.

Fonte: Vilmar Berna, *Jornal do Meio Ambiente*. Disponível em: www.jornaldomeioambiente.com.br. Acesso: 18/2/2013.

Capítulo V

O homem e a natureza

O fator primeiro e essencial para a conservação ambiental é ela ser sinônimo de desenvolvimento[1].

Na página oposta, caminho em parque no interior do estado de São Paulo

As relações do homem com o ambiente aparecem em inúmeros documentos das civilizações antigas que chegaram até os tempos atuais. Nesses relatos, muitas vezes, a natureza ou seus elementos assumem um caráter divino. Em determinado momento da história, no entanto, o homem compreendeu que os fenômenos naturais tinham uma explicação independente da vontade das divindades. Era o início do desenvolvimento das ciências naturais.

Um dos nomes mais importantes na evolução desse conhecimento foi o do astrônomo italiano Galileu Galilei (1564-1642), grande apaixonado da natureza, vista por ele como uma grande fonte dos estudos científicos. Sua imensa obra matemática, astronômica e filosófica baseou-se na observação direta dos fenômenos terrestres e celestes. Em suas pesquisas, desafiou os dogmas da Igreja católica, defendendo veementemente suas convicções de que o Sol era o centro do sistema solar e a Terra, um de seus planetas, orbitava em torno dele. O sábio foi perseguido pela Inquisição, que cerceou suas pesquisas e o condenou ao ostracismo (ver página 22).

Além de Galileu, muitos cientistas, tais como Nicolau Copérnico (1473-1543), Johannes Kepler (1571-1630), Carlos Lineu (1707-1778), Denis Diderot (1713-1784), George Buffon

[1] Frase do norte-americano Gifford Pinchot (1865-1946), primeiro chefe do Serviço Florestal dos Estados Unidos.

O *cientista inglês Charles Darwin formulou a teoria da evolução das espécies, um dos principais pilares da Biologia moderna*

(1707-1788), George Cuvier (1769-1832), Auguste de Saint-Hilaire (1779-1853) e Jean-Baptiste Lamarck (1744-1829), entre outros, contribuíram significativamente para o conhecimento científico da natureza. Alexander von Humboldt (1769-1859) foi um dos que alertou para as consequências do desmatamento, relacionando-o com a diminuição das águas das nascentes.

O inglês Charles Robert Darwin (1809-1882) desenvolveu a teoria da evolução das espécies, trazendo a ideia revolucionária de que todos os seres vivos estão relacionados, isto é, existe um parentesco entre eles, a partir de uma origem comum. Suas ideias foram expostas no livro *A origem das espécies* (1859).

Darwin formulou várias leis, como da seleção natural, da adaptação, da especialização, entre outras. Explicou como funciona a evolução dos seres vivos e como esta poderia afetar na produção de novas espécies. Essa teoria tornou-se a peça-chave da Biologia, passando a organizar a categorização de todos os organismos vivos e relaciona-se diretamente com outras ciências, como a Geologia, a Paleontologia, a Química e a Genética[2].

[2] A teoria evolucionista é contestada pela teoria da criação ou criacionista, que postula que todas as espécies vivas surgiram repentinamente já diferenciadas e especializadas, negando a evolução. Assim, toda a criação teria ocorrido em um curto período de tempo. Essa corrente de pensamento criacionista é defendida por alguns grupos religiosos tradicionalistas, que interpretam literalmente os livros sagrados para explicar a origem do universo.

Contemporâneo de Darwin, o poeta naturalista norte-americano Henry David Thoreau (1817-1862) indicou os caminhos para um comportamento mais consciente dos cidadãos, conceito amplamente disseminado, conhecido como "cidadania", que também engloba a necessidade de se conservar a natureza.

Quem primeiro utilizou a palavra Ecologia foi Ernst Haeckel (1834-1919), em 1866, definindo-a como "o conjunto de conhecimentos referentes à economia da natureza e à investigação de todas as relações do homem, tanto com seu meio inorgânico como orgânico, incluindo, sobretudo, sua relação amistosa e hostil com aqueles animais e plantas com os quais se relaciona direta ou indiretamente. Em poucas palavras, Ecologia é o estudo de todas as complexas inter-relações, às quais Darwin se referia, como as condições da luta pela existência".

Em 1862, o biólogo inglês Thomas Henry Huxley (1825-1895) publicou o ensaio *Evidências sobre o lugar do homem na natureza*, tratando das interdependências entre os seres humanos e os demais seres vivos. Suas reflexões foram reforçadas, no ano seguinte, pelo diplomata norte-americano George Perkin Marsh (1801-1882), em *O homem e a natureza: ou a geografia física modificada pelo homem* (1864), no qual documentou o esgotamento dos recursos naturais do planeta. Analisou as causas do declínio das civilizações antigas e previu um destino semelhante para as modernas, caso não houvesse mudanças.

NA SOBREVIVÊNCIA DOS INDIVÍDUOS E RAÇAS FAVORECIDAS, DURANTE A LUTA CONSTANTE E RECORRENTE PELA EXISTÊNCIA, VEMOS UMA FORMA PODEROSA E INCESSANTE DE SELEÇÃO

Charles Darwin, cientista inglês (1809-1882).

O biólogo e filósofo escocês Patrick Geddes (1854-1932), considerado o pai da Educação Ambiental, também expressou sua preocupação com os efeitos da Revolução Industrial, iniciada em 1779, na Inglaterra, pelo desencadeamento do processo de urbanização e suas consequências para o meio natural.

O crescimento econômico verificado após a Segunda Guerra Mundial acelerou a urbanização e os sintomas de perda de qualidade ambiental apareceram em diversas partes do mundo, agravando-se, nos anos seguintes.

A década de 1960 começou exibindo ao mundo os problemas do modelo de desenvolvimento econômico adotado pelos países industrializados, com o registro de níveis alarmantes de poluição atmosférica, de poluição dos rios nas grandes cidades, e, de forma geral, da intensa degradação da cobertura vegetal da Terra,

A jornalista e pesquisadora norte-americana Rachel Carson alertou a humanidade em seu livro A primavera silenciosa *para a necessidade de se conservar a natureza no início da década de 1960*

ocasionando os processos de destruição de hábitats, as pressões crescentes sobre a biodiversidade, a erosão, a perda de fertilidade do solo, a desertificação, o assoreamento dos rios, as inundações, a alteração da biota aquática e outros fenômenos adjuntos.

Essa situação foi dramaticamente narrada pela jornalista Rachel Carson (1907-1964), no seu livro-crônica *A primavera silenciosa*, de 1962, que se tornou um clássico na história do ambientalismo, e desencadeou uma inquietação internacional em torno desse assunto. Após descrever as ameaças do progresso sobre a natureza, Carson deixou algumas palavras de esperança: *"A humanidade foi muito longe no mundo artificial de sua própria criação... Creio, porém, que, quanto mais concentrarmos nossa atenção nas maravilhas e realidades do universo em que vivemos, menor inclinação teremos para a sua destruição"*.

Em 1968, o Clube de Roma[3], formado por um grupo de especialistas de diversas áreas, publicou um relatório histórico denominado *Os limites do crescimento*, em que discutia a crise e o futuro da humanidade. Esse documento estabeleceu modelos globais, baseados em técnicas então pioneiras de análises de sistemas, projetados para predizer o futuro, caso não houvesse ajustes nos sistemas de desenvolvimento econômicos adotados. Denunciava a busca incessante pelo progresso material das sociedades, sem considerar o custo final desse crescimento. Nessa época, a capacidade destrutiva das armas nucleares e químicas já adiantava as perspectivas da globalização dos riscos para a humanidade.

Essas preocupações levaram a Organização das Nações Unidas (ONU) a promover, em junho de 1972, uma Conferência sobre o Ambiente Humano, em Estocolmo. Reunindo representantes de 113 países, procurou estabelecer uma visão global e princípios comuns que inspirassem e orientassem a humanidade em ações conservacionistas. A Conferência gerou o documento *Declaração sobre o Ambiente Humano* e estabeleceu um plano de ação, que serviria de base para o surgimento de instrumentos de políticas de gestão.

Em 1983, foi criada a Comissão Mundial sobre o Meio Ambiente e o Desenvolvimento, visando reexaminar os principais problemas ambientais e formular propostas realistas para solucioná-los, assegurando que o progresso humano fosse sustentável, sem comprometer os recursos naturais para as gerações futuras.

O documento final elaborado por essa Comissão, publicado em 1987, conhecido como Relatório Brundtland (referindo-se à primeira-ministra da Noruega, Gro Harlem Brundtland, que presidia os trabalhos na ocasião), apresentava um diagnóstico dos problemas ambientais globais e consagrou o uso da expressão *desenvolvimento sustentável*.

Símbolo oficial da Conferência Eco-92, promovida pela Organização das Nações Unidas que reuniu representantes de cerca de 175 países

Vinte anos após o encontro em Estocolmo, a ONU promoveu, no Rio de Janeiro, a Conferência sobre o Meio Ambiente e o Desenvolvimento (Rio-92), reunindo representantes de 175

[3] Clube de Roma: Organização Não Governamental, fundada em 1968, que reúne intelectuais, empresários, ativistas e políticos, e se propõe a investigar os problemas atuais em escala global.

A cidade do Rio de Janeiro, onde se realizou a Eco-92, em junho de 1992, vista do morro do Corcovado. A conferência demonstrou a importância da questão ambiental e consolidou o conceito de desenvolvimento sustentável

países. Foi considerado o maior evento de caráter ambiental até então realizado. Efetuou-se uma análise da situação mundial e as mudanças ocorridas no período, buscando novas estratégias regionais e globais para tratar as principais questões ambientais. A Conferência Rio-92 gerou o documento denominado Agenda 21 – um plano de ação para as nações – e criou uma comissão para monitorá-la.

Planejando o futuro

A Agenda 21 é um plano de ação para ser adotado de forma global, nacional e local, pelas organizações componentes do sistema das Nações Unidas, pelos governos e pela sociedade civil, em todas as áreas em que a ação humana provoca impactos no meio ambiente. Constitui-se na mais abrangente tentativa já realizada, visando orientar em direção a um novo padrão de desenvolvimento para o século XXI, cujo alicerce é a sinergia[4]

[4] Sinergia: associação simultânea de vários fatores que contribuem para uma ação coordenada.

da sustentabilidade ambiental, social e econômica, englobando todas as suas ações propostas. O termo "Agenda" foi concebido no sentido de intenção, desígnio, desejo de mudanças para um modelo de civilização em que predomine o equilíbrio ambiental e a justiça social entre as nações.

Contendo quarenta capítulos, a Agenda 21 foi elaborada por consenso, com a contribuição de governos e de instituições da sociedade civil, dos representantes de vários países, em um processo que durou dois anos. Além da Agenda 21, resultaram, dessa mesma conferência, quatro outros acordos: a Declaração do Rio, a Declaração de Princípios sobre o Uso das Florestas, a Convenção sobre a Diversidade Biológica e a Convenção sobre Mudanças Climáticas.

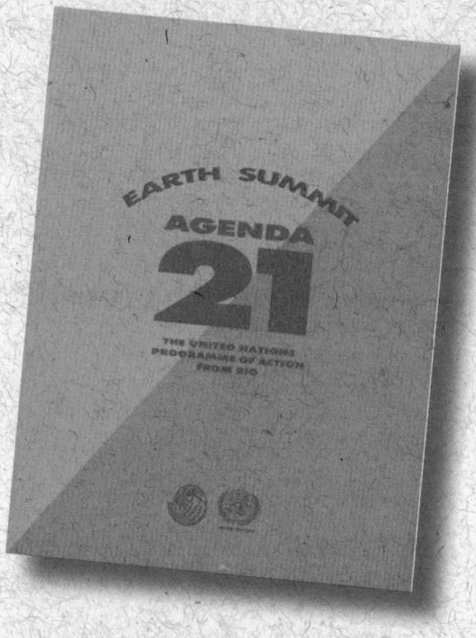

Capa da Agenda 21, principal documento assinado ao final da Rio-92 pelos representantes dos países participantes da Conferência, que objetivava promover nova política de desenvolvimento, alicerçada na responsabilidade ambiental

A Agenda 21 considera, dentre outras, questões estratégicas ligadas: à geração de emprego e renda; à diminuição das disparidades regionais e interpessoais de renda; às mudanças nos padrões de produção e consumo; à construção de cidades sustentáveis e à adoção de novos modelos e instrumentos de gestão.

Em termos das iniciativas, a Agenda 21 afirma que os governos têm o compromisso e a responsabilidade de deslanchar e facilitar o processo de implementação das ações preconizadas, em todas as escalas. Além do poder público, o documento mobiliza todos os segmentos da sociedade, chamando-os de "atores relevantes" e de "parceiros do desenvolvimento sustentável".

Essa concepção implica em assumir gradativamente que os princípios e as premissas que orientam a implementação da Agenda 21 não constituem uma lista completa e acabada: torná-la realidade é, antes de tudo, um processo social, em que todos os envolvidos convencionam, paulatinamente, novos consensos e montam uma Agenda factível, rumo ao futuro que se espera ser sustentável.

Durante a Conferência Rio-92, ficou evidenciado que o desenvolvimento sustentável só seria possível com a redução dos impactos sobre a produção e o consumo, bem como do crescimento populacional atual. Naquela oportunidade, destacou-se que, entre os anos de 1950 e 1995, a economia

A EXPERIÊNCIA DEMONSTROU QUE O DESENVOLVIMENTO SUSTENTÁVEL EXIGE COMPROMETIMENTO COM POLÍTICAS ECONÔMICAS SAUDÁVEIS E UM GERENCIAMENTO IGUALMENTE SAUDÁVEL; UMA ADMINISTRAÇÃO PÚBLICA EFICAZ E PREVISÍVEL; INTEGRAÇÃO DAS PREOCUPAÇÕES AMBIENTAIS AO PROCESSO DE TOMADA DE DECISÕES; E AVANÇO PARA UM GOVERNO DEMOCRÁTICO, À LUZ DAS SITUAÇÕES ESPECÍFICAS DOS PAÍSES, COM A PLENA PARTICIPAÇÃO DE TODOS OS GRUPOS ENVOLVIDOS

Fonte: Agenda 21, cap. 22, item 2.6. Disponível em: www.aultimaarcadenoe.com.

global praticamente quintuplicou. O consumo de carne, de grãos e de água triplicou; o de papel, sextuplicou. O uso de combustíveis fósseis e, consequentemente, a emissão de CO_2, quadruplicaram. Isso aconteceu em um contexto de grande desigualdade social.

O programa de implementação da Agenda 21 e os compromissos para com a carta de princípios do Rio foram fortemente reafirmados durante a Cúpula de Joanesburgo, na África do Sul, que ficou conhecida como a "Rio+10", em 2002.

Compromissos globais

Em 1997, um relatório do *The World Resources Institute* consolidou o que já se sabia: mais de metade da humanidade vivia em áreas urbanas. Nos países em desenvolvimento, esse número é ainda maior, podendo atingir mais de 90%. As cidades geram a maior parte das atividades econômicas, consomem mais os recursos naturais, produzem poluição e lixo, além de serem responsáveis pela emissão de gases do efeito estufa, que influenciam nas mudanças climáticas.

As oito metas do milênio

O **Projeto do Milênio das Nações Unidas** foi comissionado pelo Secretário-Geral da ONU e patrocinado pelo Programa das Nações Unidas para o Desenvolvimento, em nome do Grupo das Nações Unidas para o Desenvolvimento. Suas principais diretrizes são:

- Erradicar a extrema pobreza e a fome
- Atingir o ensino básico universal
- Promover a igualdade entre os sexos e a autonomia das mulheres
- Reduzir a mortalidade infantil
- Melhorar a saúde materna
- Combater o HIV/AIDS, a malária e outras doenças
- Garantir a sustentabilidade ambiental
- Estabelecer uma parceria global para o desenvolvimento

Floresta amazônica: um dos principais "pulmões" do planeta que abriga um rico patrimônio hídrico. Sua devastação poderia causar grandes problemas a todo planeta e por isso precisa ser detida a qualquer custo

Nesse mesmo ano de 1997, foi assinado, no Japão, o documento conhecido como Protocolo de Quioto, no final da 3ª Conferência das Partes da Convenção das Nações Unidas sobre Mudanças Climáticas, após intensas discussões que se desenrolavam desde 1990 entre representantes de 166 países. O documento foi prorrogado em 2012 (ver página 74).

Em maio de 2012, a ONU promoveu na mesma cidade do Rio de Janeiro a Conferência das Nações Unidas sobre Desenvolvimento Sustentável (denominada "Rio + 20", com alusão à Eco-92), cuja meta era tentar compatibilizar o crescimento econômico com a preservação do ambiente e a redução da pobreza. Para tanto, foram escolhidos dois temas centrais para a discussão: a economia "verde", com a adoção de um novo modelo de produção que cause menor degradação ambiental e a governança internacional, para estabelecer as formas necessárias para se alcançar as metas desejadas.

Ao final da Conferência Rio + 20 foi aprovado o documento O *futuro que queremos*. Um dos principais avanços observados no texto foi a inclusão do tema da erradicação da pobreza, incluindo-se a preocupação social nas discussões, que, até então, privilegiavam o aspecto econômico.

Mercado de carbono torna-se um negócio promissor

Com o objetivo principal de combater o aquecimento global, o Protocolo de Quioto estabeleceu, em um de seus anexos, que os países industrializados, considerados os mais poluidores, têm a obrigação de reduzir suas emissões de carbono (CO_2) em um nível 5% menor que o medido em 1990.

As metas deveriam ser atingidas entre os anos de 2008 e 2012, mas, caso os países desenvolvidos não conseguissem cumprir as respectivas medidas destinadas a diminuir a emissão dos gases em seus próprios territórios, poderiam, como compensação, se valer da aquisição de Reduções Certificadas de Emissões – RCEs –, também conhecidas como "créditos de carbono", geradas a partir dos projetos de Mecanismo de Desenvolvimento Limpo (MDL).

Ficou estabelecido, também, que as nações que não constam do referido Anexo do Protocolo de Quioto, dentre elas, o Brasil, por não terem o compromisso de reduzir suas emissões de gases de efeito estufa, poderiam negociar suas RCEs com os países industrializados.

Os projetos de Mecanismo de Desenvolvimento Limpos devem ser validados e certificados, oferecendo benefícios reais e mensuráveis, em longo prazo, para os propósitos de mitigação da mudança do clima e da redução do efeito estufa. Deverão também promover a diminuição adicional das emissões, ou seja, que não seria obtida em caso da inexistência do projeto.

Para serem comercializadas no mercado internacional de carbono, as RCEs caracterizam-se como mercadoria ou *commodity*, em função da sua qualidade, ou seja, da sua capacidade de redução de gases de efeito estufa, em toneladas equivalentes de dióxido de carbono (CO_2). Além disso, é preciso que o projeto tenha viabilidade do ponto de vista econômico-financeiro.

Nesse contexto, o Brasil apresenta grande potencial como gerador de RCEs, mas, embora o mercado seja atrativo para os investidores estrangeiros, enfrenta algumas indefinições que podem comprometer o seu efetivo sucesso.

Na opinião de especialistas, a implementação de projetos desse tipo é bastante complexa e precisa ser encarada com bastante seriedade, pois representa uma oportunidade importante no desenvolvimento de programas com tecnologia limpa. Pode, ainda, modificar o perfil dos investimentos nos países emergentes, como o Brasil, possibilitando o acesso de recursos financeiros destinados à proteção ambiental em longo prazo.

Fonte: Fujihara e outros, 2010.

Preconizou-se, também, a adoção de novos padrões de consumo, mais conscientes, sugerindo que essas iniciativas em direção ao desenvolvimento sustentável sejam estabelecidas em nível governamental. Para nortear esse trabalho, os participantes concordaram em fixar novas metas globais, definindo indicadores sociais, ambientais e econômicos a serem observados, em substituição às "Oito metas do milênio" (ver página 134), estabelecidas pela ONU, que expirarão em 2015. A ideia de se criar um fundo para financiar o desenvolvimento sustentável, porém, não foi aprovada pelos participantes.

De certa forma, a repercussão da Conferência Rio + 20 foi prejudicada pela ausência dos principais líderes mundiais: somente a então chanceler da Alemanha, Angela Merkel, compareceu; estiveram ausentes os chefes de estado de países-chave para implementar mudanças globais, como Estados Unidos, China e Rússia.

Conservação da biodiversidade

O intenso desenvolvimento ocorrido nas últimas décadas beneficiou a humanidade como um todo, promovendo o progresso econômico e melhorando a vida dos povos, mas causou o declínio da variedade e da extensão dos sistemas naturais, ou seja, provocou a perda da biodiversidade, no âmbito dos ecossistemas, espécies e genes. Esse problema continua a ocorrer, apesar das medidas mitigadoras adotadas por vários países.

Essa perda é preocupante, porque prejudica o fornecimento dos serviços proporcionados pelos sistemas naturais, que incluem a produção de alimentos, de combustíveis, de fibras e de medicamentos; a regulação dos recursos hídricos, do ar e do clima; e a manutenção da fertilidade dos solos e o ciclo dos nutrientes.

Nesse contexto, a preocupação com as questões relativas à biodiversidade relaciona-se com o objetivo de atingir o desenvolvimento sustentável. Está ligada também, intrinsecamente, à competitividade, ao progresso e à expansão do mercado de trabalho, bem como à melhoria dos meios de subsistência. Diante disso, 1365 cientistas de 95 países reuniram-se, entre 2001 e 2005, sob a coordenação da Secretaria Geral da Organização das Nações Unidas (ONU). Suas conclusões foram sintetizadas em um relatório, denominado *Avaliação de Ecossistemas do Milênio* (ou *Millenium Ecosystem Assessment*, em inglês), que se tornou o estudo mais amplo realizado sobre a situação ambiental do planeta já realizado.

Capa de um dos relatórios do encontro internacional de 2 000 cientistas reunidos em 2001, sob a coordenação da Organização das Nações Unidas (ONU). O estudo, denominado Avaliação de Ecossistemas do Milênio, *foi o mais abrangente já realizado sobre as condições ambientais do planeta*

Quando foi criado, o programa pretendia especialmente subsidiar a implementação da Convenção da Biodiversidade, da Convenção do Combate à Desertificação e da Convenção das Zonas Úmidas. Foi ampliado, ao longo do tempo, e o documento final, com 10 000 páginas, continha a avaliação sobre os impactos causados nos ecossistemas do planeta pela ação do homem. Procurava responder às necessidades de informação científica sobre a condição atual e sobre as consequências das alterações nos ecossistemas, visando a melhoria do bem-estar humano e, ao mesmo tempo, colocava algumas opções para responder a essas mudanças.

No relatório, os especialistas constataram que a maioria dos serviços prestados pelos ecossistemas se encontrava em declínio em nível global, afirmando que a humanidade estava desperdiçando o patrimônio natural da Terra e colocando em risco a capacidade dos ecossistemas em sustentar gerações futuras. Salientaram, no entanto, que tal situação poderia ser contornada com a adoção de políticas e de práticas adequadas.

As maiores ameaças específicas destacadas pelos cientistas foram a utilização irracional dos solos e o impacto crescente das alterações climáticas na biodiversidade, reforçando a necessidade imperativa de uma ação mais eficaz, no que diz respeito às emissões de gases causadores do efeito estufa, com objetivos mais ambiciosos do que aqueles estabelecidos pelo Protocolo de Quioto.

O Relatório da Avaliação de Ecossistemas do Milênio trouxe uma síntese abrangente da situação ambiental do planeta, disponibilizando informações existentes na literatura e também os conhecimentos obtidos por cientistas, empresas privadas, profissionais de diversas formações e membros de comunidades locais a serem utilizados, eventualmente, na definição de políticas públicas e para nortear novas pesquisas. Existem planos para aproveitar a dinâmica de trabalho criada durante o desenvolvimento

do documento, mas não se sabe, ainda, se outros relatórios com formato semelhante serão produzidos no futuro próximo[5].

Compensação por redução do desmatamento

Na 13ª Conferência das Partes – reunião anual dos países que participam da Convenção do Clima –, realizada em dezembro de 2007, em Bali, na Indonésia, o Brasil apresentou uma proposta em favor da redução da emissão de carbono. Tratava-se da compensação por desmatamento evitado, cujo objetivo é contribuir para redução dos índices de desflorestamento, evitando, assim, que maior quantidade de gases responsáveis pelo efeito estufa sejam liberados para a atmosfera.

A preservação dos ecossistemas – como o da Amazônia (na foto), rico em recursos hídricos, minerais e florestais – envolve hoje também o aspecto social, além do econômico. O desmatamento pode proporcionar renda para alguns, mas causa a perda da biodiversidade e dos serviços da floresta durante muito tempo ou de forma definitiva, afetando um número muito maior de pessoas

[5] Fonte: Millenium Assessment. Disponível em: http://www.millenniumassessment.org. Acesso: 8/2/2013.

O mecanismo da compensação por redução do desmatamento (conhecido por REED, da sigla em inglês) pode contribuir para a conservação ambiental, principalmente na Mata Atlântica e na Amazônia. Na foto, igarapé de Tabatinga, afluente do rio Amazonas, em Juruti (PA), área ainda não afetada pela ação humana

De acordo com a proposta, seria oferecida uma compensação financeira para os países que conseguissem diminuir os índices de desmatamento. No caso brasileiro, esse mecanismo ajudaria a conservar as florestas, principalmente, as da Amazônia e alguns remanescentes da Mata Atlântica. A ideia não era nova, já fora apresentada por diversas organizações não governamentais e por governos de outros países, mas não incluída no Protocolo de Quioto.

Para os especialistas, a compensação por redução do desmatamento poderia gerar, pela primeira vez, recursos capazes de valorizar economicamente a floresta em pé, criando uma nova dinâmica social que levasse à melhor distribuição da riqueza, à medida que remuneraria as populações que mantivessem os ativos florestais e promovessem a conservação das matas. O pagamento por essas ações seria feito ao país, que destinaria os recursos auferidos aos programas de proteção e fiscalização e, também, para a remuneração dos serviços ambientais.

Até o final de 2012, o mecanismo REED ainda não estava funcionando na prática, apesar de aprovado pela Conferência das Nações Unidas sobre Mudanças Climáticas[6]. Mesmo assim, as recentes conquistas brasileiras para a redução do desmatamento foram reconhecidas pela comunidade internacional. Na Amazônia Legal, por exemplo, diminuiu-se a área desmatada de 29 mil quilômetros quadrados em 2004, para 6,4 mil km^2 em 2012. Essa redução foi atribuída às medidas de controle e fiscalização aos crimes ambientais.

Algumas recomendações para conter o aquecimento global

Energia	Aumentar o uso de energias renováveis
Construção civil	Adotar a construção de prédios "verdes" (*ecobuilding*)
Indústria	Incentivar a desativação e a substituição de fábricas obsoletas e poluidoras
Transportes	Expandir o uso de biocombustíveis
Agricultura	Diminuir as emissões de metano em algumas culturas
Florestas	Combater o desmatamento e os incêndios florestais
Lixo	Diminuir a produção de lixo; aumentar a reciclagem; usar o gás metano para produzir energia

Recomendações do Painel sobre Mudança Climática da ONU. Fonte: Revista *Veja*, 9/5/2007.

Ações conservacionistas

Agricultura sustentável

Este tipo de exploração agrícola incentiva o manejo ambientalmente adequado, socialmente benéfico e economicamente viável. Para isso, preconiza a certificação, o treinamento e a capacitação de

[6] Durante a Conferência da ONU sobre mudanças climáticas, realizada na cidade de Cancun, no México, em 2010, ficou acertado que o mecanismo REED deveria ser abordado em três fases (elaboração de plano nacional; implementação de estratégia nacional; e ações pontuais para reduzir o desmatamento e a degradação florestal). Não foram ainda definidas, porém, as fontes de financiamento para a implantação da terceira fase do programa (pagamento por resultados), o que impede a sua colocação em prática.

pessoal, o estímulo às políticas públicas e o apoio ao desenvolvimento de mercados para empreendimentos com o selo socioambiental.

De acordo com a Imaflora, instituição brasileira dedicada à certificação e membro da rede mundial de agricultura sustentável, os princípios que norteiam esse tipo de manejo agrícola, válidos para todos os tipos de cultivos são:

- Sistema de gestão social e ambiental
- Conservação de ecossistemas
- Proteção de vida silvestre
- Conservação dos recursos hídricos
- Tratamento justo e boas condições de trabalho
- Saúde e segurança ocupacional
- Relações com a comunidade
- Manejo integrado de cultivos
- Manejo e conservação do solo
- Manejo integrado dos resíduos

Baseados em critérios e indicadores especialmente desenvolvidos, os auditores avaliam as atividades efetuadas, observando o grau de conformidade das propriedades rurais com padrões pré-estabelecidos e mensurando seu desempenho social e ambiental. Alguns critérios são considerados "críticos" e sua não observância inviabiliza a certificação. Dentre eles, podem ser citadas as seguintes exigências na área ambiental:

a) Existência de uma cadeia de custódia, para evitar que produtos provenientes de propriedades certificadas se misturem com aqueles vindos de propriedades não certificadas;

b) Existência de um programa de proteção de ecossistemas naturais, para garantir sua integridade e impedir alterações e destruições;

c) Proibição de caça, coleta, extração e tráfico de animais silvestres;

d) Proibição de descarga de água residuária não tratada em corpos d'água, bem como o depósito de substâncias sólidas em canais d'água.

Saiba mais

Os alimentos transgênicos são os que tiveram o material genético modificado para obtenção de melhoria na produtividade ou na qualidade, e maior resistência a pragas e doenças. O uso destes produtos é controverso, pois, embora as modificações genéticas aperfeiçoem suas características, não se conhece ainda exatamente as consequências de seu uso em longo prazo. Alguns ambientalistas acreditam que os transgênicos podem originar efeitos não planejados, como a produção de substâncias tóxicas ou cancerígenas. Tais produtos são autorizados apenas após a realização de intensas avaliações e demonstrações de que não são prejudiciais à saúde humana e ao ambiente.

A casa eficiente, construída pela Eletrosul em 2006, em Florianópolis (SC), mostra as possibilidades de redução de energia elétrica e de consumo de água, de proteção do ambiente e de aproveitamento dos recursos locais, sem abdicar do conforto e do bem-estar exigidos pelo moderno consumidor

Além disso, somente produtos agroquímicos permitidos pela legislação podem ser utilizados em propriedades certificadas. As novas áreas de produção precisam estar localizadas em terrenos adequados para tal propósito e nunca em locais anteriormente revestidos com matas nativas. As culturas transgênicas são também proibidas.

No que se refere à gestão social, o processo de certificação das atividades agropecuárias e florestais estabelece as seguintes proibições:

a) O pagamento aos trabalhadores de valor menor ao salário mínimo estabelecido pelo governo;

b) A contratação de menores de quinze anos de idade;

c) O trabalho forçado;

d) A falta de uso de equipamentos de proteção individuais pelos trabalhadores na aplicação de produtos químicos.

A prática da compostagem

A compostagem é uma das mais antigas e importantes técnicas destinadas ao aproveitamento de resíduos orgânicos,

Na página oposta, telhado "verde" na Academia de Ciências da Califórnia (San Francisco, EUA), que recebeu o plantio de um milhão de mudas para absorver os raios solares e reduzir a temperatura no interior do prédio. As janelas possuem sensores automáticos para controle da temperatura, dispensando o uso de sistema de ar condicionado central

muitas vezes obtidos como subproduto da atividade agrícola. Quando adequadamente produzido e aplicado, o composto orgânico pode se constituir em excelente fertilizante, ou seja, material de boa qualidade, que melhora as características físicas e químicas do solo.

Além de ser uma solução para o problema de destino final de resíduos sólidos, a compostagem proporciona o reaproveitamento da matéria orgânica e a reciclagem dos nutrientes. O processo resulta da decomposição biológica aeróbica do substrato orgânico, sob condições que permitam o desenvolvimento natural de altas temperaturas, com a formação de um produto suficientemente estável para o armazenamento e a aplicação ao solo, sem efeitos ambientais indesejáveis.

A incorporação de matéria orgânica no terreno, na forma de esterco animal ou de compostos orgânicos melhora as condições do solo e promove o aumento da capacidade de armazenamento de água, possibilitando o desenvolvimento adequado das plantas.

Por outro lado, estudos demonstraram que a utilização de composto imaturo é desaconselhável, pois gera mau cheiro, inibe a germinação de sementes e interfere negativamente no crescimento da vegetação. Dessa forma, é importante que o processo seja realizado com embasamento técnico. A compostagem envolve duas etapas distintas: de degradação ativa dos resíduos e de maturação.

A construção sustentável

A aplicação da sustentabilidade em obras civis ainda representa um desafio para todos os profissionais envolvidos, porque incorpora alguns conceitos bastante avançados, como o de *ecobuilding*. Essa tendência preconiza que todas as edificações sejam ambientalmente corretas, integradas ao cenário local, utilizando, sempre que possível, os materiais certificados ou aqueles provenientes de reciclagem, e empregando processos considerados sustentáveis. Uma construção "verde" inclui, entre outros fatores, a preocupação com conforto térmico, a redução do consumo de energia elétrica e de água, e a eficiência no aproveitamento da iluminação natural. Recomenda-se, também, a utilização de materiais existentes na região.

CRESCE A DEMANDA POR EDIFICAÇÕES SUSTENTÁVEIS

Atendendo à demanda de um crescente mercado mais consciente das questões ambientais e, ao mesmo tempo, para cumprir sua responsabilidade social, a indústria da construção civil nacional está iniciando a busca pela sustentabilidade em novos empreendimentos imobiliários. Entre 2004 e 2008 (até outubro), o número de solicitações de certificação internacional para empreendimentos e edificações passou de um para 68. São produtos imobiliários que desejam exibir o "selo verde" *Leadership in Energy and Environmental Design (Leed)* – um dos mais conceituados do mundo, que poderia ser traduzido como Liderança em projetos energéticos e ambientais*.

Para ser considerada uma "edificação verde", o empreendimento passa pela avaliação de alguns requisitos como o uso da iluminação natural, a gestão de perdas e de resíduos, a administração do consumo de água e de energia elétrica, o emprego de materiais renováveis e a qualidade do ambiente. Além disso, o terreno que o abriga não pode estar contaminado.

São bem-vindas também ideias inovadoras em termos de ambiente e o incentivo a ações ecológicas dos futuros moradores, por exemplo, instalando bicicletários, reservando vagas de estacionamento para quem praticar transporte solidário e para veículos com baixa emissão de carbono. A localização do imóvel é outro fator decisivo: deve contar com uma boa infraestrutura, principalmente com amplas vias de acesso e meios de transporte público, para não gerar futuros congestionamentos.

Os projetos são enviados para o *World Green Building Council*, nos Estados Unidos, para receberem a aprovação. Após a análise, recebem uma avaliação de zero a 69 pontos, nas categorias ouro, prata e verde. O cumprimento de 85% das exigências dá direito ao selo platina (no Brasil, em outubro de 2008, somente três edificações possuíam o selo *Leed*, todos na categoria prata). O acompanhamento da instalação da obra é feito no escritório da instituição no Brasil. O certificado é emitido seis meses após a entrada do empreendimento em operação.

Calcula-se que um projeto de uma edificação ambientalmente sustentável custe cerca de 10% acima da convencional, pela preferência a determinados produtos e soluções.

Fonte: *O Estado de S. Paulo*, 6/10/2008, p. C1.

---

* Além do selo *Leed* chegou recentemente ao Brasil outra certificação bem-aceita: a Alta Qualidade Ambiental (*AQUA*), com base em normas europeias. A avaliação não se restringe ao projeto, são verificados também o programa, a concepção e sua realização. Para a obtenção desse selo, efetua-se a análise documental e a vistoria após a conclusão da obra.

A produção industrial limpa

Um novo caminho para o desenvolvimento sustentável, identificado simplesmente como "Produção Limpa" está se tornando parte fundamental da missão das modernas empresas. Os especialistas entendem que esse objetivo é abrangente e aponta, inclusive, para o controle democrático na utilização das tecnologias, bem como o compartilhamento, entre todas as esferas da sociedade, do "princípio da precaução", que envolve a previsão dos problemas, antes que ocorram, a fim de evitar danos irreparáveis ou de efeitos em longo prazo.

A CADA SEGUNDO, O MUNDO CONSOME CERCA DE MIL BARRIS DE PETRÓLEO PARA SUPRIR SUA DEMANDA ENERGÉTICA

Fonte: Revista *Veja*, 19/3/2008, p. 105.

A evolução de mecanismos de "Produção Limpa" visa obter mudanças nos processos produtivos, tentando evitar, entre inúmeros prejuízos, a geração de resíduos na fonte. Para tanto, preconiza que, na falta de dados seguros, deve-se eliminar o uso de produtos ou materiais suspeitos, com indícios de causar danos ao homem ou ao ambiente. Deve-se incrementar o acesso público à informação, fornecendo, por exemplo, rótulos informativos detalhados nos produtos. Ao mesmo tempo, é preciso conscientizar trabalhadores e moradores de determinadas indústrias sobre a segurança e o risco de alguns processos produtivos.

Nos próximos anos, as mudanças climáticas devem definir o rumo dos negócios e certas adaptações serão necessárias para a consolidação de empreendimentos, para a administração de riscos e para a geração de oportunidades. Essa é a conclusão do estudo realizado recentemente, denominado *Adaptation – an issue brief for business* (Adaptação, síntese de uma questão para os negócios), pelo Conselho Empresarial Mundial pelo Desenvolvimento Sustentável (WBCSD, sigla em inglês), que reúne duzentas corporações de todo o mundo.

Segundo o estudo, a sobrevivência de uma empresa no mercado, no futuro próximo, dependerá da sua capacidade de adaptação, em face dos impactos causados no ambiente, alguns deles irreversíveis. Uma das prioridades destacadas para o alcance desse novo patamar é a busca contínua por soluções sustentáveis e o desenvolvimento de novas tecnologias.

Para os especialistas, o Protocolo de Quioto transferiu a problemática da área ambiental para a área econômica, e transfor-

mou a vulnerabilidade das mudanças climáticas numa questão mercadológica. Dessa forma, a adoção de um plano de adaptação eficiente pode gerar vantagem competitiva e economia de custos para empresas inovadoras. Além disso, exigirá que as corporações passem a atuar em colaboração com organizações governamentais e não governamentais para identificação e suporte de boas soluções.

Equipamento utilizado na extração de petróleo na Califórnia (EUA), em agosto de 2009. Esse combustível de origem fóssil ainda é o mais utilizado no mundo

Assim como cresce o interesse de consumidores por produtos mais amigáveis da natureza, resultantes de cadeias produtivas com responsabilidade socioambiental, evoluem, também, novos mercados "verdes". As empresas que souberem se adaptar a essa realidade global poderão usufruir de vantagens decorrentes de novas oportunidades[7].

[7] Fonte: *Gazeta Mercantil*, Portal Ideia Socioambiental, 22/8/2008.

Turbina eólica que converte a energia cinética do vento em energia mecânica, a ser utilizada para alimentar um gerador que a transforma em energia elétrica. É alternativa altamente recomendável para determinadas regiões do planeta, onde os ventos são frequentes

A questão da energia renovável e de fontes alternativas

A grande participação das fontes energéticas não renováveis no mercado mundial coloca a sociedade diante de um desafio: a busca por alternativas menos poluentes. Na maior parte dos países, o processo de produção de energia é ainda muito prejudicial, pois, normalmente, é obtido com a queima do carvão mineral. O problema energético não pode demorar muito a ser solucionado, sob o risco do modelo de vida atualmente adotado pela humanidade entrar em colapso, sobretudo, se continuar fortemente baseado nos derivados de petróleo.

Existem diversas fontes energéticas alternativas disponíveis, mas algumas delas ainda necessitam maior desenvolvimento tecnológico para se tornarem economicamente viáveis, e, assim, utilizadas em maior escala. Dentre elas, destacam-se aquelas proporcionadas pelo Sol, pelo vento, pelas marés, pelos átomos (nuclear), pelo calor da terra, pelo carvão vegetal, pela biomassa e pelo biogás.

Há, ainda, a energia proporcionada pelas células-combustível, considerada a do futuro, que não gera poluição e é capaz de movimentar veículos e produzir eletricidade para uso comercial e residencial. Baseia-se no uso de hidrogênio, que pode produzir grande quantidade de energia sem gerar poluição. Embora o princípio da célula-combustível seja conhecido há muito tempo, o domínio de sua tecnologia é relativamente recente.

A maior quantidade de energia elétrica atualmente consumida no Brasil provém das usinas hidrelétricas (95%, aproximadamente). Em regiões rurais e mais distantes, utiliza-se aquela produzida em usinas termoelétricas e, em pequena escala, a energia gerada pelos ventos (eólica). Nem sempre, no entanto, foi assim. Até 1973, a madeira representava a primeira fonte energética do país, quando foi suplantada por aquela derivada do petróleo; em 1978, perdeu lugar para hidroeletricidade, devido à existência de um significativo potencial hídrico no território nacional.

Nas usinas hidrelétricas, a energia provém da força da água represada a uma determinada altura, na parte mais alta do reser-

As diversas fontes de energia

Desde os tempos mais remotos, o homem procura na natureza as forças motrizes para seu desenvolvimento. A primeira foi de seu próprio corpo. Depois, dominou o fogo e a água e foi buscar no interior da Terra o petróleo e o carvão. Atualmente, procura formas de geração menos agressivas, como a energia do Sol, a força dos ventos, das marés e aquela proveniente da biomassa.

FONTES DE ENERGIA		
Convencionais	**Não convencionais**	**Exóticas**
Carvão (mineral)	Marés (renovável)	Calor dos oceanos
Petróleo (fóssil)	Ventos (renovável)	Reatores nucleares reprodutores
Gás natural (fóssil)	Xisto (fóssil)	Fusão nuclear***
Hidroelétrica (renovável)	Geotérmica (renovável)	Geotérmica****
Biomassa (renovável)*	Fissão nuclear**	Hidrogênio
	Solar (renovável)	

Fontes: Goldemberg, 1976; Enciclopédia do Estudante, 2008.

* Aproveitamento da matéria orgânica (da madeira, do esterco do gado, do lixo orgânico) para gerar energia química. Todos os organismos capazes de realizar fotossíntese podem ser usados como biomassa. Permite a diminuição dos resíduos da natureza.

** e *** A energia nuclear remonta à época da formação dos elementos químicos. Origina-se nos núcleos de certos átomos, que, ao se desintegrarem ou se fundirem, liberam grande quantidade de energia. No processo de fissão nuclear, o núcleo de um átomo pesado é dividido em duas partes de tamanhos comparáveis; na fusão, dois ou mais núcleos relativamente livres combinam-se para formar outro mais pesado. O processo de aproveitamento da energia das reações nucleares por fissão já é controlado pelo homem, enquanto o de fusão nuclear ainda não foi conseguido (Enciclopédia Folha, 1996).

**** Fonte não renovável que consiste no aproveitamento do calor proveniente do interior da Terra. Pode ser viável apenas em determinadas regiões.

vatório, transformando-se em energia cinética: faz girar as pás da turbina, aciona o eixo do gerador e produz, assim, a eletricidade. A maior usina brasileira é a de Itaipu (Foz do Iguaçu, Paraná, na fronteira com o Paraguai), com capacidade de produção anual de 12 600 *megawatts*.

EM DEZEMBRO DE 2009, REALIZOU-SE O PRIMEIRO LEILÃO DE ENERGIA EÓLICA NO BRASIL, PREVENDO-SE A INSTALAÇÃO DE 71 EMPREENDIMENTOS, COM UMA CAPACIDADE SOMADA DE 1 805,7 MEGAWATTS ATÉ JULHO DE 2012, COM PRAZO DE CONCESSÃO DE VINTE ANOS. INICIOU-SE, ASSIM, OFICIALMENTE O APROVEITAMENTO DA ENERGIA EÓLICA NO PAÍS

Fonte: www.economia.uol.com.br. Acesso: 2/1/2010.

A tendência atual preconizada pelos especialistas é a construção de pequenas centrais hidrelétricas (PCH), aproveitando o fluxo natural de rios ou riachos, sem provocar desequilíbrios significativos na fauna e na flora das regiões ribeirinhas. No Brasil, esse sistema já é utilizado, principalmente, na região Sul.

Os biocombustíveis

Os biocombustíveis são fontes de energia renovável, derivados de produtos agrícolas como a cana-de-açúcar, algumas plantas oleaginosas, a biomassa florestal e outras fontes de matéria orgânica. Em alguns casos, podem ser usados isoladamente, ou adicionados aos combustíveis convencionais. Alguns exemplos são: o biodiesel, o etanol, o metanol, o metano e o carvão vegetal.

Além da ausência, na sua composição, do enxofre – substância considerada poluente, quando lançada na atmosfera – o biocombustível emite menor quantidade de monóxido de carbono e de materiais particulados. Muitos países, como a Alemanha, França e Estados Unidos, além do Brasil, já possuem programas de produção avançados nessa área.

Existe muita polêmica em torno do emprego dos biocombustíveis. Alguns ambientalistas temem que o impacto ambiental da sua produção em larga escala seja grande, devido à alta demanda de água no processo. Alertam também que a expansão do plantio das oleaginosas possa exigir o desmatamento ou a ocupação de áreas antes destinadas à produção de alimentos.

O combustível "verde"

O Brasil foi um dos únicos países que conseguiu inovar durante a crise energética mundial ocorrida durante a década de 1970, quando os fornecedores árabes impuseram restrições à venda do petróleo. A partir da cana-de-açúcar, criou um programa de substituição diferenciado, produzindo e utilizando em

larga escala um combustível limpo do ponto de vista ambiental, renovável e totalmente nacional: o álcool.

Lavoura de cana-de-açúcar no centro do estado de São Paulo, matéria-prima do álcool, considerado um "combustível verde"

Na sua primeira fase, o Programa Nacional do Álcool visou sua adição à gasolina e, na etapa posterior, proporcionou a substituição total da daquele combustível, com a conversão dos motores dos veículos que passaram a rodar exclusivamente com álcool hidratado.

A partir de 1986, o Proálcool foi desativado por diversas circunstâncias, mas ressurgiu com características diferentes no início do século XXI, quando a indústria automobilística lançou os veículos com motores flexíveis, que consomem tanto o álcool como a gasolina.

Em agosto de 2008, a Associação Nacional dos Fabricantes de Veículos Automotores (Anfavea) informou que a indústria brasileira atingira a produção de seis milhões de veículos com combustível flexível, o que representava 23% da frota em circulação no país na época, de 26 milhões de automóveis, aproximadamente.

As expectativas de expansão desse mercado são otimistas, pois atualmente as montadoras não planejam novos lançamentos sem considerar essa tecnologia. Além disso, o setor sucroalcooleiro está se movimentando para superar alguns problemas de logística e de tributação, o que pode tornar o etanol ainda mais competitivo em relação à gasolina.

Outra grande vantagem ambiental do uso do etanol é que a maioria das usinas produtoras é autossuficiente na geração de energia elétrica, por meio da queima do bagaço da cana-de-açúcar utilizada como matéria-prima. Muitas delas, inclusive, comercializam os excedentes energéticos para terceiros.

Nos dias atuais, muitos acreditam que o etanol fabricado a partir da cana-de-açúcar poderia participar da matriz energética mundial, por ser viável do ponto ambiental e econômico. Suas melhores chances, no entanto, são de conquistar cada vez mais o mercado interno. Isso é favorável ao Brasil, que já foi, até pouco tempo, o maior consumidor e também o maior produtor, liderança que hoje divide com os Estados Unidos.

Saiba mais

A população mundial cresceu 2,5 vezes nos últimos 58 anos. No mesmo período, a frota de veículos multiplicou-se por 15. Nenhuma cidade estava preparada para tal explosão de consumo.

Fonte: Revista *Veja*, 16/4/2008, p. 109.

O biodiesel

Combustível renovável, o biodiesel pode ser produzido de várias formas: o craqueamento, a esterificação ou a transesterificação. Esta última é o processo mais utilizado no Brasil, e consiste em uma reação química de óleos vegetais ou de gorduras animais com o álcool comum (etanol), ou o metanol, estimulada por um catalisador. Podem ser empregadas, também como matéria-prima, algumas gorduras animais ou plantas oleaginosas (a mamona, o dendê, a soja, o algodão, a palma e o girassol, entre outras). É possível, ainda, fabricar o biodiesel a partir de óleo de cozinha reciclado.

Misturado ao diesel convencional, esse tipo de combustível pode ser usado em motores para o transporte e para a geração de energia elétrica, sem a necessidade de qualquer tipo de adaptação e sem perda de desempenho. Essa mistura contribui, também, para o aumento da vida útil do motor, pelo fato de ser um lubrificante mais eficiente que o diesel fabricado a partir do petróleo.

O biodiesel entrou recentemente na matriz energética brasileira. Apesar da primeira patente mundial do produto ter sido registrada na década de 1970, por um professor da Universidade

Posto de abastecimento de biodiesel na capital de São Paulo. Desde 2013, tornou-se obrigatória a mistura desse combustível com o óleo diesel

Federal do Ceará, somente em dezembro de 2004, foi lançado, oficialmente, o Programa Nacional de Produção e Uso do Biodiesel.

A Lei n. 11 097, de janeiro de 2005, determinou a adição gradativa de biodiesel ao óleo diesel comercializado. Desde 2013, a mistura de 5% tornou-se obrigatória e a porcentagem tende crescer nos próximos anos com o aumento da produção nacional.

Responsabilidade ambiental: as empresas e o ambiente

Em termos de recursos naturais, o Brasil ocupa uma posição privilegiada. Possui 60% da maior floresta tropical do mundo – a Amazônia –, que abriga mais de 30 000 diferentes espécies. No seu território encontra-se também a maior planície inundável do mundo – o Pantanal –, com mais espécies de aves do que a América do Norte e mais espécies de peixes do que a Europa. O Brasil tem o maior volume de água doce superficial do mundo, cerca de 14%.

Esses números tão positivos aumentam, ao mesmo tempo, a responsabilidade de todos os brasileiros para conservar adequadamente a natureza, e criam possibilidades para o país se tornar uma grande potência, a partir do desenvolvimento sustentável. Bastam vontade política de seus governantes, maiores investimentos em educação, e o engajamento efetivo da comunidade nessas questões para que o Brasil se destaque na área ambiental.

Nunca se falou tanto de sustentabilidade como nos dias atuais. O tema passou a ser amplamente discutido nas esferas políticas e empresariais, e também está se tornando uma preocupação do cidadão comum. A abordagem desse importante assunto vem amadurecendo desde os anos 1980, com o surgimento do movimento ambientalista. Na década seguinte, a preocupação passou a abranger também os aspectos sociais, como a promoção de relações justas de trabalho, principalmente em face do avanço das cadeias globais de produção.

Nos últimos anos, o assunto convergiu também para a área empresarial, que passou amplamente a adotar o conceito da sustentabilidade. Foi o escocês John Elkington (1947-), da conceituada consultoria *SustainAbility*, que criou o Tripé da Sustentabilidade (*Triple bottom line*), ou *People*, *Planet*, *Profit* que mede os resultados em termos sociais, ambientais e econômicos. Para ele e seus seguidores, uma empresa que pretende se perpetuar precisa considerar esses três aspectos.

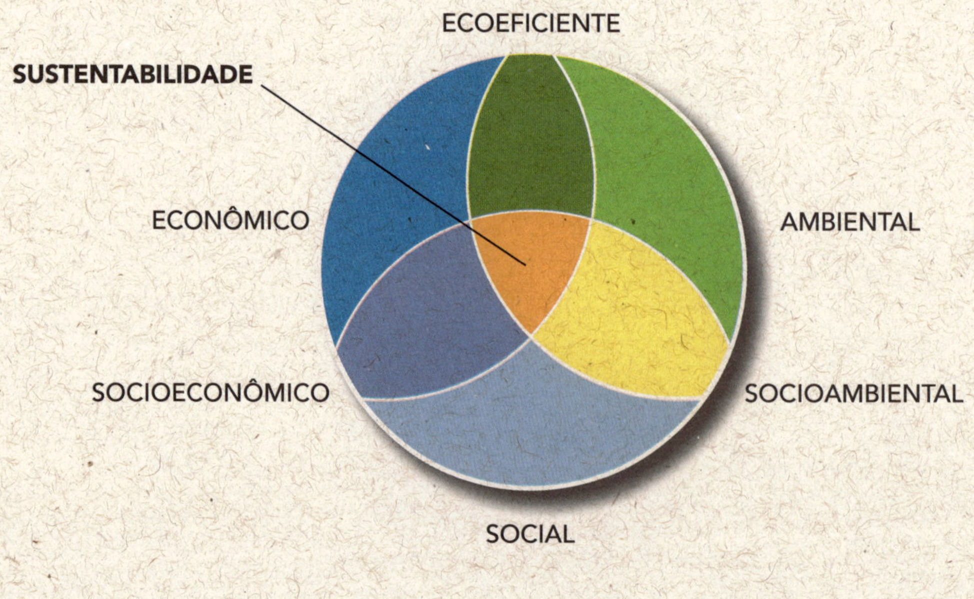

Programas de neutralização de carbono

Uma prova de que todos podem fazer algo para salvar o planeta é o engajamento de muitos cidadãos conscientes nos programas de neutralização das emissões de carbono, atualmente em andamento em vários locais do mundo. Para colocá-los em prática, são realizados cálculos matemáticos para estabelecer a compensação entre as emissões de gases causadores do efeito estufa e o plantio de árvores em projetos de reflorestamento.

Muitos desses programas, chamados "carbon neutral" (carbono neutro) são realizados via internet, facilitando a adesão de interessados em contribuir nessa importante tarefa. A iniciativa ganhou fama em 2006, na Copa do Mundo de futebol, na Alemanha, com o projeto "Gol Verde". Desde então, projetos semelhantes são desenvolvidos em eventos de todos os tipos, inclusive, em *shows* artísticos e em festas populares, como o Carnaval.

A certificação ambiental

Uma demonstração concreta da preocupação empresarial com a qualidade ambiental é a busca de certificação. Para tanto, as companhias modernas procuram adequar-se à padronização estabelecida pela ISO, que significa *International Organization for Standardization* (Organização Internacional para Normalização), localizada em Genebra, Suíça. Fundada em 1947, congregava 161 países membros, em 2012. A Associação Brasileira de Normas Técnicas (ABNT) é o seu representante brasileiro.

O objetivo da organização é desenvolver e promover normas e padrões mundiais que traduzam o consenso dos diferentes países do mundo, de forma a facilitar o comércio internacional. A ISO-14 000 permite a qualquer companhia tratar o ambiente de uma forma organizada e sistemática, melhorando, portanto, seu desempenho nessa área.

A ISO concentra-se também na comunicação com os *stakeholders* (os clientes, os funcionários, os acionistas, os fornecedores e a sociedade em geral). A proteção dos empregados é a maior a prioridade a ser atingida, por meio do cumprimento efetivo da legislação e dos regulamentos vigentes. A norma prevê ainda o estabelecimento de metas e objetivos, acompanhados por auditorias internas e avaliações da alta administração.

Capítulo VI

Legislação ambiental

O ser humano tem o direito fundamental à liberdade e ao desfrute de condições de vida adequadas, em um meio de qualidade tal que lhe permita levar uma vida digna e gozar de bem-estar, e tem a solene obrigação de proteger e melhorar o ambiente para as gerações presentes e futuras[1].

Na página anterior, pôr do sol no mar Mediterrâneo

Pode-se afirmar que o despertar de uma consciência sobre a necessidade de se utilizar e conservar os recursos naturais no Brasil surgiu na década de 1970. Nessa época, foram construídas obras monumentais, que causaram grande impacto na natureza, como a Transamazônica, que atravessou territórios então inexplorados, a ponte entre o Rio de Janeiro e Niterói, a hidrelétrica de Itaipu, que destruiu uma das maravilhas naturais do Brasil, (as Sete Quedas), a Ferrovia do Aço (que permaneceu inacabada), a Rodovia dos Imigrantes (que corta a Mata Atlântica para ligar São Paulo a Santos), entre inúmeras outras.

Vinte anos depois, a preocupação com a conservação ambiental aumentara bastante, com a atuação de diversas organizações não governamentais no Brasil, que se dedicam à defesa e preservação de espécies de animais e plantas ameaçadas, com o uso mais racional do solo e da água e a manutenção das culturas e dos conhecimentos específicos das populações nativas, como indígenas, caiçaras, caboclos etc.

[1] Princípio n. 1 da Conferência das Nações Unidas sobre o Meio Ambiente, realizada em Estocolmo (Suécia), em junho de 1972.

O marco histórico dessa mudança de atitude foi a realização, no Brasil, da Conferência das Nações Unidas sobre o Meio Ambiente e o Desenvolvimento, em 1992, conhecida como Rio-92, com representantes de quase 170 países.

O amparo legal ao ambiente

Desde os anos 1930, a legislação brasileira contava com normas de proteção ao ambiente, tais como o Código Florestal de 1934 (Decreto n. 23 793/34) e o Código das Águas (Decreto n. 24 643/38), entre outros[2].

Capa da Constituição brasileira, promulgada em outubro de 1988

A atual Constituição da República Federativa do Brasil, promulgada em 1988, hoje em vigor, também se preocupa com o assunto. O artigo 225 estabelece: *Todos têm direito ao meio ambiente ecologicamente equilibrado, bem de uso comum do povo e essencial à sadia qualidade de vida, impondo-se ao poder público e à coletividade o dever de defendê-lo e preservá-lo para as presentes e futuras gerações.*

A nova Constituição também passou a exigir que alguns assuntos, como a energia nuclear, fossem tratados de um modo especial. Nesse caso, o texto determina que só uma lei votada e aprovada no Congresso Nacional pode autorizar a construção de novas usinas atômicas no país.

Durante a década de 1980, o Brasil ganhou, ainda, uma Política Nacional de Meio Ambiente (Lei n. 7 804/89 e alterações posteriores), que regulamentou a ação governamental sobre a manutenção do equilíbrio ecológico, considerando o ambiente como patrimônio público, a ser necessariamente assegurado e protegido para o uso coletivo.

A responsabilidade pelos crimes ambientais foi regulamentada mais tarde, pela chamada Lei da Natureza (Lei n. 9 605/98), que apresentou como invocações a atribuição de penalidades (multas, reparos do dano e prisão) e responsabilidades criminais em casos de degradação ambiental, ou uso ilegal de animais e espécies vegetais. Estabeleceu, ainda, esclarecimentos à depre-

[2] O Código Florestal de 1934 foi substituído por aquele instituído pela Lei n. 4771/65, e posteriormente por aquele aprovado em 2012 (Lei n. 12727, ver Box à página 79); o Código das Águas foi substituído pelo vigente (Decreto-Lei n. 221/67).

dação urbana (pichações, vandalismo, soltura de balões) e à destruição da biodiversidade da fauna e da flora.

Posteriormente, a legislação ambiental se aperfeiçoou mais, com a promulgação da Lei n. 9 795/99, que instituiu uma Política Nacional de Educação Ambiental, estimulando os *processos pelos quais o indivíduo e a coletividade constroem valores sociais, habilidades, atitudes e competências voltadas para a conservação do meio ambiente.*

Entre os importantes desdobramentos promovidos pela Constituição está o estabelecimento de legislação específica, determinando que todas as obras de grande impacto ambiental sejam implementadas com a realização prévia de análises para identificar eventuais danos ao ambiente.

Esses documentos foram chamados de *Estudo de Impacto Ambiental* (EIA) e o *Relatório de Impacto Ambiental* (RIMA). O primeiro caracteriza a situação da área, considerando o meio físico, biológico e socioeconômico, refletindo como esses fatores serão afetados. Por sua vez, o RIMA apresenta os resultados das análises anteriores (do EIA), verificando sua validade e veracidade, de forma que sejam apreciados pela sociedade. Finalmente, determina se a atividade planejada para o local é conveniente ou não, decidindo também sobre as medidas de proteção ambiental necessárias.

Outra legislação relevante para o tema foi o Estatuto da Cidade (Lei n. 10 257/2001), que apresenta formas de implementar o direito urbano e incentiva a organização e o controle ambiental e urbanístico nos municípios.

A legislação ambiental brasileira é considerada rigorosa e abrangente. A carência está na sua fiscalização, bastante complexa, devido às dificuldades de acesso, à grande extensão territorial do país e à precariedade dos recursos operacionais e humanos disponibilizados para essa finalidade.

O Instituto Brasileiro do Meio Ambiente e dos Recursos Renováveis (Ibama) foi criado em 1989 – em substituição ao antigo Instituto Brasileiro de Desenvolvimento Florestal (IBDF) e à Secretaria Especial do Meio Ambiente (SEMA). Cabe a esse órgão a complexa tarefa de preservar a natureza no Brasil, integrando e sistematizando as ações governamentais na área ambiental.

Saiba mais

O novo Código Florestal (2012) manteve a exigência do anterior, sobre a instalação das Áreas de Preservação Permanente (APP), cobertas ou não por vegetação nativa, existentes em imóveis rurais, com a função ambiental de preservar os recursos hídricos, a paisagem, a estabilidade geológica e a biodiversidade, facilitar o fluxo gênico de fauna e flora, proteger o solo e assegurar o bem-estar das populações humanas.

Véu da Noiva, queda d'água com 86 metros de altura, uma das principais atrações do Parque Nacional da Chapada dos Guimarães (MT), criado em 1989

As unidades de conservação

A grande biodiversidade existente no Brasil gerou a falsa ideia de inesgotabilidade, por isso vem sendo explorada de forma desordenada e predatória, desde os tempos coloniais. Segundo a comunidade científica, uma das formas de reverter essa situação é o estabelecimento de um planejamento que contemple as grandes unidades de paisagens. O reconhecimento e a manutenção de áreas de alta diversidade de espécies constituem-se em um dos mais eficientes mecanismos para conter essa devastação e propiciar a conservação dos ecossistemas naturais.

A criação dos três primeiros Parques Nacionais no Brasil – Itatiaia, da Serra dos Órgãos e do Iguaçu –, no quinquênio de 1935 a 1939, refletiu a sensibilização mundial para a necessidade da existência de espaços naturais institucionalmente protegidos. Esse movimento iniciou-se nos Estados Unidos muitos anos antes, com a criação do pioneiro *Yellowstone National Park* (1872).

Outros parques surgiram ao longo do tempo, transformando o Brasil em um dos países com maiores superfícies de terras protegidas (aproximadamente 8% do território nacional). Segundo a ONG Conservação Internacional (CI-Brasil), infelizmente, a criação e a manutenção de tais áreas ainda não são bem compreendidas pela sociedade: "Muitos setores acreditam que as unidades de conservação congelam o desenvolvimento local, ferem o direito à propriedade, impedem a produção de alimentos e provocam outros efeitos negativos. Parte dessa situação acontece pela falta de critérios técnicos que justifiquem sua criação e definam sua eficiência na proteção da biodiversidade".

Apesar de alguns problemas administrativos, fundiários e operacionais existentes em muitas unidades de conservação, elas representam uma das melhores estratégias de proteção aos atributos e patrimônio naturais. Nessas áreas, a fauna e a flora são conservadas, assim como os processos ecológicos que regem os ecossistemas, garantindo a manutenção da biodiversidade.

Visando seu melhor gerenciamento, em 2000, as áreas protegidas no Brasil passaram a integrar uma rede, conhecida como Sistema Nacional de Unidades de Conservação (SNUC), de acordo com a Lei n. 9985/2000, que estabelece critérios, normas para criação, implantação e gestão. Também classifica as diferentes categorias de proteção[3], conforme pode ser visto na tabela abaixo.

Tipos de Unidades de Conservação

Unidades de Proteção Integral	Unidades de Uso Sustentável
Estação Ecológica	Área de Proteção Ambiental
Reserva Biológica	Área de Proteção Ambiental Estadual
Parque Nacional	Área de Relevante Interesse Ecológico
Parque Estadual	Floresta Nacional
Monumento Natural	Floresta Estadual
Refúgio da Vida Silvestre	Reserva Extrativista
	Reserva de Fauna
	Reserva de Desenvolvimento Sustentável
	Reserva Particular de Patrimônio Natural

Fonte: Ministério do Meio Ambiente (2009).

Destaques ambientais

Dentre as diversas unidades de conservação brasileiras, algumas se destacam no contexto por sua importância em termos globais. Dessa forma, foram classificadas pela Unesco (Organização das Nações Unidas para a Cultura, Ciência e Educação)

[3] O objetivo das unidades de proteção integral é preservar a natureza, admitindo-se apenas o uso indireto dos recursos naturais, enquanto que nas de uso sustentável pretende-se compatibilizar a conservação da natureza com o uso sustentável de parcela dos seus recursos naturais. Fonte: Serviço Florestal Brasileiro. Disponível em: www.florestal.gov.br. Acesso: 21/2/2013.

Jacarés tomam sol à beira d'água, nas proximidades de Bonito (MS), no Pantanal matogrossense, bioma enquadrado como Reserva da Biosfera

como Patrimônios da Humanidade, ou passaram a integrar a rede de Reservas da Biosfera.

a) Patrimônios da Humanidade:

Nessa categoria, estão classificados e preservados alguns locais de excepcional importância cultural ou natural, como patrimônio comum da humanidade, de acordo com critérios específicos. No Brasil, estão incluídos os Parques Nacionais do Iguaçu (PR), da Chapada dos Veadeiros (GO), do Jaú (AM), da Serra da Capivara (PI), das Emas (GO), o complexo do Pantanal matogrossense (MS), as regiões Nordeste e Sudeste da Mata Atlântica e as ilhas de Fernando de Noronha e da Reserva Biológica do Atol das Rocas.

b) Reservas da Biosfera:

São territórios considerados exemplos de conservação do meio natural e de integração das atividades humanas. Para que seja incorporada à rede mundial, a área deve apresentar qualidades ambientais elevadas, e ser protegida por lei como unidade de conservação, por meio de consenso político e social. Além disso, nesses locais, o uso humano deve ser compatível com sua conservação, e sua administração deve implementar programas específicos para essa finalidade.

Em 2005, o Brasil possuía sete Reservas da Biosfera: a Mata Atlântica, o "cinturão verde" em torno da cidade de São Paulo, o Cerrado (Brasil central), a Serra do Espinhaço (MG); o Pantanal (MS); a Caatinga (Nordeste) e a Amazônia central. Essas áreas somam mais de 1,3 milhão de quilômetros quadrados, o equivalente a pelo menos 15% do território brasileiro.

PLANETA EM PERIGO: INTERESSES DIVERSOS IMPEDEM FORMALIZAÇÃO DE ACORDO SOBRE O CLIMA

As tentativas da Organização das Nações Unidas para formalizar um tratado em nível mundial destinado a combater as alterações climáticas em andamento no planeta não são recentes. Desde 1990, a instituição procura atuar nesse campo. Para assessorá-la, criou o Painel Intergovernamental sobre Mudanças Climáticas (*Intergovernmental Panel on Climate Change* - IPCC). Este órgão científico independente, em seu primeiro relatório sobre aquecimento global, publicado naquele ano, enfatizou a necessidade da redução de 60% das emissões dos gases efeito estufa para deter o aquecimento global.

A partir de 1995, os encontros entre as nações, denominados Conferência das Partes da Convenção do Clima (COP) tornaram-se anuais, procurando estabelecer modalidades, regras e diretrizes a serem implantadas. Desde o primeiro evento, evidenciaram-se as diferenças entre os países em desenvolvimento e os mais adiantados, com interesses e objetivos totalmente diversos, o que tornava praticamente impossível a concordância em torno da definição de medidas concretas para combater o aquecimento global.

Um grande passo foi dado ao final da COP3, em 1997, com a criação do Protocolo de Quioto – o primeiro instrumento legal a definir a redução dos gases de efeito estufa pelos países signatários em nível mundial (ver p. 73). Os encontros seguintes foram marcados, geralmente, por incessantes discussões, alguns avanços e muitos retrocessos. Foi o caso, por exemplo, da COP6½ (em Bonn, na Alemanha) e a COP7 (em Marrakesh, no Marrocos), quando os Estados Unidos retiraram-se das negociações.

Durante a COP13, realizada em 2007, em Bali, na Indonésia, a questão das florestas foi incluída pela primeira vez na decisão final. Naquela oportunidade, os cientistas do IPCC informaram que a temperatura do planeta subira 0,76°C no século XX e que, se o processo continuasse, as consequências poderiam ser dramáticas para a humanidade. Haveria a alteração no regime de chuvas e, assim, algumas regiões poderiam se tornar desertos; outras sofreriam inundações e alagamentos, obrigando a migração de pessoas e animais. Em decorrência, surgiria a escassez de alimentos e muitas espécies correriam riscos de extinção. Aumentariam, também, as probabilidades de disseminação de doenças e epidemias. Cientistas da Universidade da Columbia (EUA) estimaram que, por causa dessas catástrofes, haveria 50 milhões de refugiados no mundo.

Muitos indícios dessas alterações climáticas previstas já podem ser observados: a calota de gelo ocidental da Antártida derrete à velocidade de 250 quilômetros cúbicos por ano, elevando o nível dos oceanos em 0,2 milímetro, a cada doze meses. O degelo desta calota pode fazer os oceanos subirem até 4,9 metros, cobrindo vastas áreas litorâneas pelo mundo e ilhas inteiras.

Mesmo diante dessas graves ameaças, as negociações não avançaram muito nos encontros seguintes e as emissões de gases causadores do efeito estufa na atmosfera continuaram a crescer: de 1997 até 2008, haviam aumentado 6,5%, principalmente pela não adesão dos maiores poluidores, como os Estados Unidos.

Os efeitos negativos do aquecimento global também serão sentidos de forma direta no Brasil. Cerca de 40% da cobertura florestal da Amazônia corre o risco de transformar em savana. A região do Nordeste sofrerá redução das chuvas calculada entre 2 a 2,5 mm/dia até 2100. Alguns dos principais cursos d'água nacionais, como o rio São Francisco e o rio Paraná, terão sua vazão diminuída em até 70% e 53%, entre 2071 e 2100. Toda a zona costeira brasileira será afetada com o aumento do nível do oceano, colocando em risco um patrimônio avaliado em R$ 207,5 bilhões.

Tais previsões fazem parte do estudo *Economia das Mudanças Climáticas*, realizado por renomados cientistas de várias instituições de pesquisa. Eles previam que o país poderia perder R$ 3,6 trilhões até 2050, em decorrência dessas alterações no clima, o que equivaleria a jogar fora um ano de crescimento econômico nos próximos quarenta anos.

Com esses números preocupantes, os representantes nacionais levaram metas ambiciosas ao encontro da 15ª Conferência das Partes da Convenção do Clima (COP15), em Copenhague, na Dinamarca, realizado em 2009. Segundo declarações da época do então presidente Luiz Inácio Lula da Silva, o Brasil pretendia reduzir entre 36,1% e 38,9% suas emissões projetadas para 2020, com medidas que incluíam a redução de 80% no desmatamento da Amazônia. Em 2005, o Brasil era o quarto emissor mundial de gases responsáveis pelo efeito estufa; em 2011, baixou para a sexta posição, depois da China, dos Estados Unidos, da Índia, Rússia e Japão.

Um clima de grande expectativa e muita esperança antecedeu a realização da COP15. O encontro, que contou com representantes de quase duzentos países, aconteceu em um momento que a concentração de gases nocivos atingiu o índice mais alto registrado desde o início da era industrial. Na ocasião, os cientistas do IPCC alertaram mais uma vez sobre a necessidade de redução das emissões de gases nocivos entre 25% a 40%, até 2020, em relação aos níveis observados em 1990, principalmente aqueles provenientes das nações industrializadas.

Essa proposta gerou acalorados debates, muito distantes de um consenso. Infelizmente, apesar das inúmeras tentativas, ao final do COP15, os representantes dos diversos países não assumiram nenhum compromisso para enfrentar as mudanças climáticas. Observadores consideraram que o maior evento diplomático da atualidade redundou em um "fracasso sem precedentes".

Ao final da maratona de negociações, com várias encenações em público, evidenciou-se ainda mais o impasse entre os países ricos e pobres. Em Copenhague, ficaram frente a frente os dois maiores poluidores globais: os Estados Unidos e a China. Somente nesses dois países, entre 1997 e 2008, as emissões de gases responsáveis pelo efeito estufa cresceram 3,7% no caso norte-americano e praticamente dobraram no território chinês.

Às vésperas do encontro de Copenhague, o presidente norte-americano Barack Obama assumira pela primeira vez, em mais de uma década, a intenção de reduzir 17% das emissões de CO_2 do seu país, até 2020, em relação ao nível de 2005. A China, por sua vez, anunciou, logo em seguida, sua intenção de diminuir entre 40% a 45% a emissão de dióxido de carbono por unidade de

Produto Interno Bruto (PIB) em 2020, em relação aos níveis de 2005. Para tanto, precisaria aumentar sua eficiência energética.

Nada disso, porém, ficou acertado ao final do COP15. O documento final, discutido entre os Estados Unidos, China e Brasil, e criticado pelos delegados dos países em desenvolvimento, foi recusado em plenário e rebaixado à condição de um "adendo" da edição de 2009 da Convenção do Clima. Não houve definição sobre a meta de redução das emissões, nem foi detalhado como seria feito o aporte de recursos financeiros de US$ 30 bilhões a ser empregado na mitigação das mudanças climáticas. O mundo todo assistiu o fracasso das negociações na Dinamarca com desconsolo, decepção e preocupação. Mais uma vez, as decisões mais importantes foram postergadas para o futuro.

Os encontros posteriores contabilizaram alguns avanços nas complexas e atribuladas negociações sobre a questão climática. Em 2010, na COP16, em Cancun, no México, os participantes discutiram os mecanismos para compensar os países que protegem suas florestas, como o REED (ver página 140). Foi também criado o *Green Climate Fund* (Fundo Climático Verde), cujo administrador seria o Banco Mundial, para auxiliar os países em desenvolvimento a encontrar maneiras de reduzir as suas emissões e se adaptar aos efeitos adversos da mudança do clima.

No ano seguinte, durante a COP17, em Durban, na África do Sul, ocorreu um grande avanço político: os dois maiores poluidores do planeta, Estados Unidos e China concordaram em participar de um futuro acordo para a redução das emissões de gases nocivos na atmosfera.

Em decisão inédita, os participantes divulgaram em um documento denominado *Plataforma de Durban*, com um calendário para criar "um protocolo, outro instrumento legal ou um resultado acordado com força legal em 2015, que possa entrar em vigor até 2020". Por esse instrumento, todos os países do mundo teriam de se comprometer com metas obrigatórias de redução das emissões.

Os analistas consideraram essa decisão como uma revolução política no âmbito da Convenção do Clima da ONU. Segundo o representante dos Estados Unidos, Todd Stern, a Plataforma de Durban "desbastou a barreira existente entre os países desenvolvidos e em desenvolvimento, que causou a divisão do planeta entre ricos e pobres". Para ele, essa separação impediu que o Senado norte-americano ratificasse o acordo assinado no Japão em 1997 e causou, mais tarde, o impasse com a China, responsável pelo fracasso da conferência de Copenhague.

Em dezembro de 2012, ao final da 18ª Conferência das Nações Unidas sobre Mudança Climática (COP18), os delegados de quase duzentos países, reunidos em Doha, no Catar, concordaram em estender a vigência do Protocolo de Quioto até 2020, evitando um grande retrocesso nas negociações.

Passou-se exigir, porém, metas de redução das emissões para os países em desenvolvimento, cuja parcela de responsabilidade pela emissão de gases do efeito estufa é de menos de 15%. Mais uma vez, foram adiadas as decisões para estabelecer um novo tratado mais abrangente e mais rigoroso, envolvendo todos os países do planeta, que já começam a sentir os efeitos nocivos do aquecimento global.

Fontes: Sites: www.greenpeace.org; 360graus.terra.com.br; www. silcon ambiental.com. Acesso em: 27/11/2009; www.forumdesustentabilidade.com.br; www.sic.gov.br; www.redebrasilatual.com.br; www.planetasustentavel.abril.com.br. Acesso em 22/2/2013. Jornal: *O Estado de S. Paulo*: 23/11/2009, p. A-14; 24/11/2009, p. A-22; 25/11/2009, p. A-20; 27/11/2009, caderno Vida & Sustentabilidade; 29/12/2009, p. A-11.

Problemas e soluções

O cuidado é o permanente companheiro do ser humano[1].

*Na página oposta, rico patrimônio a ser preservado: as flores das vitórias-régias (*Victoria amazonica*) que desabrocham no lago das Piranhas, em Juriti (PA)*

Atualmente, as nações mais desenvolvidas têm procurado resolver seus problemas em nível local, mas, por causa de seus altos padrões de consumo, contribuem para sobrecarregar tanto os ambientes regionais quanto outras regiões do planeta. Apesar das convenções, dos tratados internacionais assinados nos últimos anos e dos relativos progressos em algumas áreas, a humanidade ainda sofre grandes perdas da qualidade de vida e testemunha alterações globais incontestáveis, cujos impactos gerais são difíceis de prever.

Infelizmente, os problemas ambientais parecem estar se agravando. Os últimos anos foram marcados por grandes catástrofes em diversos pontos do planeta: tsunamis, terremotos, furacões, secas e enchentes, muitas vezes, atribuídas a mudanças climáticas e a ações antropogênicas equivocadas (Dias, 2002).

Nem tudo, porém, está perdido. Segundo o físico Fritjof Capra (1999), a partir do momento em que os seres humanos compreenderem o mundo em que vivem como um sistema do qual fazem parte, cujo equilíbrio dinâmico deve ser mantido, a preservação e a recuperação ficarão mais fáceis. A busca pela qualidade ambiental deve acontecer local a local, passo a passo, e resultará, no futuro, em uma soma de regiões restauradas e não degradadas e na possibilidade de se atingir o desenvolvimento sustentável do planeta.

[1] Frase do poeta latino Horácio (65-8 a.C.).

A Terra em perigo

Observando-se recentes estatísticas das intervenções humanas desastrosas, percebe-se que é preciso agir rapidamente para salvar o planeta:

Pessoas com dificuldade de acesso à água	2,2 milhões
Tempo estimado para que dois terços da humanidade não tenham acesso à água limpa, se nada for feito	20 anos
Total de gás carbônico lançado todos os dias na atmosfera	70 milhões de toneladas
Total de florestas destruídas em todo mundo apenas nos anos 1990	90 milhões de hectares
Área devastada na Amazônia até 2007	700 milhões de quilômetros quadrados (17% da área total)
Número de animais caçados ilegalmente no Brasil todos os anos	38 milhões
Lixo produzido atualmente pela humanidade	30 bilhões de toneladas
Mortes causadas anualmente pela poluição do ar	3 milhões

Fonte: Machado, Casadei e Rascalha, 2008.

Felizmente, ações em favor do ambiente surgem em vários pontos do mundo. Os resultados são, até agora, pouco significativos, pois já se sabe que a recuperação é lenta. Demonstram, porém, a generalização de uma nova consciência ambiental, que pode mudar efetivamente o cenário pessimista desenhado pelos cientistas e estudiosos do assunto.

Um exemplo dessa nova mentalidade mais proativa é, por exemplo, a rápida expansão do Pacto Global (*Global Compact*), considerada a maior iniciativa de responsabilidade voluntária do mundo. Coordenada pela ONU, promove o desenvolvimento sustentável e a boa cidadania corporativa. Em 2012, contava com mais de 8 700 empresas participantes e partes interessadas, em 140 países[2].

Atualmente, a Educação Ambiental passou a fazer parte do currículo da maioria dos estabelecimentos de ensino, em vários níveis; as empresas verdadeiramente cidadãs assumiram a preservação ambiental como um compromisso a ser cumprido, e os

[2] Fonte: *Foundation for the Global Compact*. Disponível em: www.unglobalcompact.org. Acesso: 21/2/2013.

Floresta em chamas na Califórnia (EUA), em agosto de 2009

governos de vários países estão estimulando os comportamentos conservacionistas da sociedade.

Até a tradicional Igreja católica passou a considerar a poluição como "pecado da modernidade", o que não deixa de ser mais um estímulo para atitudes positivas em favor da natureza, mais uma contribuição benéfica para salvar o planeta e garantir um futuro saudável para as gerações que ainda estão por vir.

Os desafios do desenvolvimento

- Redução da pobreza
- Redução das desigualdades sociais
- Duplicação da produção de alimentos
- Produção de energia sem degradação do ambiente
- Desenvolvimento urbano saudável
- Organização do comércio e do sistema de trocas
- Modificação de alguns hábitos de consumo

ALGUMAS DICAS PRÁTICAS
QUE AJUDAM NA CONSERVAÇÃO DO AMBIENTE

- Economizar energia elétrica: não tomar banhos longos, evitar ligar o ferro elétrico várias vezes durante a semana, não deixar luzes acesas desnecessariamente. Não dormir com a televisão ligada. Trocar as lâmpadas incandescentes de 60 ou 100 *watts* por luz fria de 11 *watts* e desligar os aparelhos elétricos das tomadas, quando não estiverem sendo utilizados. Tais medidas ajudam na conservação do ambiente e reduzem os gastos com eletricidade.
- Economizar água: não deixar torneiras pingando ou com vazamento, não escovar os dentes com a torneira ligada e evitar banhos demorados. Na lavagem de louça, ensaboar as peças e somente então ligar a torneira para enxágue.
- Na edificação de uma nova residência, aventar a possibilidade de instalar os aquecedores solares e recipientes para coleta de água de chuva, que pode ser aproveitada para regar plantas ou na lavagem de áreas externas.
- Efetuar sistematicamente a separação do lixo doméstico, enviando os materiais (plástico, papel, metal, vidro, óleo de cozinha etc.) para a reciclagem. Além de diminuir a quantidade enviada para os depósitos de lixo, contribui-se para aumentar a renda das pessoas que vivem desse tipo de trabalho.
- Adquirir apenas produtos de madeira certificados ou que provenham de plantios industriais de pinheiros ou eucaliptos, de preferência aqueles com o selo de certificação. Dessa forma, diminuem-se os incentivos para desmatar as florestas nativas.

- Consumir alimentos da estação e preferir os orgânicos, mais saudáveis, porque utilizam menos produtos químicos na produção.
- Quando possível, deixar o veículo e sair a pé ou de bicicleta.
- Adquirir os eletrodomésticos com o selo Procel (Programa de Combate ao Desperdício de Energia Elétrica), que teria contribuído para evitar a emissão de 230 milhões de toneladas de gases poluentes na atmosfera até 2010.
- Ao adquirir um veículo, optar pelo modelo com sistema bicombustível. Escolher, de preferência o álcool para abastecer o veículo.
- Usar pilhas recarregáveis em seus aparelhos. Quando não for possível, descartá-las em locais apropriados de coleta e não no lixo comum.
- Entregar as baterias usadas de celulares nas revendedoras. Elas não devem ser jogadas no lixo comum, pois contêm metais pesados altamente tóxicos para a saúde humana e para o ambiente.
- Evitar substituições desnecessárias de aparelhos celulares. Além de implicar em mais gastos, esse comportamento gera mais lixo.
- Utilizar calculadoras e lanternas que funcionam com energia solar ou dínamo, em vez de usar pilhas.
- Procurar melhorar os computadores, em vez de comprar novos. Anualmente, mais de vinte milhões de toneladas de lixo são descartados e a maior parte desse material eletrônico não é reciclável.
- Comprar, preferencialmente, em lojas que adotem práticas socioambientais corretas.
- Usar tintas à base de água para pintura de edificações, pois são menos tóxicas e poluentes.
- Imprimir documentos e e-mails somente quando necessário.
- Não recolher folhetos entregues na rua, a não ser que se interesse pelo conteúdo.

Bibliografia consultada

ADLARD, P. G. **Historical background – the multi-propose roles of tree planting: description, analysis and recommendations.** Goldaming, Shell International Petroleum Company/Word Wild Fund for Nature. Study n.1, 1993. 72p.

ALMEIDA, A. F. **Relações do homem com as florestas.** Piracicaba: Esalq. Apostila. Fev/2003. 16p.

AMORIM, H. (org.) **Fermentação alcoólica: ciência e tecnologia.** Piracicaba: Fermentec. 2005. 448p.

ASSOCIAÇÃO BRASILEIRA DE NORMAS TÉCNICAS. **NBR 10004:** Resíduos sólidos – Classificação, Rio de Janeiro, 2004.

BATISTA, E.; CAVALCANTI, R. B.; FUJIHARA M. A. **Caminhos da sustentabilidade no Brasil.** São Paulo: Terra das Artes, 2005. 250 p.

BRANCO, P. DE MORAES. **Dicionário de Mineralogia.** 2ª ed. Porto Alegre: Editora da Universidade Federal do Rio Grande do Sul. 1982. 264 p. Disponível em: http://www.dnpm-pe.gov.br/Detalhes/Mineral.htm. Acesso: 2/2/2013.

BUDOWSKY, G. 1965. **Distribution of tropical american Forest species in a light of sucessional processes.** Turialba 15 (1). P. 40-42.

CAPRA, F. **O ponto de mutação:** a ciência, a sociedade e a cultura emergente. São Paulo: Cultrix, 1999.

CAPRA, F. e outros. **Alfabetização ecológica.** A educação das crianças para um mundo sustentável. São Paulo: Cultrix. 2006. 312p.

CASTELLANO, E. G.; FIGUEIREDO, R. A.; CARVALHO C. L. (Org.). **(Eco) Turismo e Educação Ambiental.** Diálogo e prática interdisciplinar. São Paulo: RiMa. 2007. 332p.

CHRISTOFOLETTI, A. **Modelagem de sistemas ambientais.** São Paulo: Edgard Blücher, 1999.

DIAS, G. F. **Pegada ecológica e sustentabilidade humana.** São Paulo: Gaia, 2002.

EDITORA ABRIL. **Guia Exame 2007.** Sustentabilidade. São Paulo: Abril, dez/2007.

ENCICLOPÉDIA DO ESTUDANTE: ECOLOGIA. 1ª. ed. São Paulo: Moderna.

ENCICLOPÉDIA FOLHA. São Paulo: *Folha de S. Paulo.* 1996.

FONSECA, G. A. B.; RYLANDS A. B.; COSTA C. M. R.; MACHADO R. B. & LEITE Y. L. R. **Livro vermelho dos mamíferos brasileiros ameaçados de extinção.** Belo Horizonte: Biodiversitas. 1994.

FOREST SERVICE/U. S. DEPARTMENT OF AGRICULTURE. **National Forest landscape management.** vol. 1. Washington: U. S. Government Printing Office. fev.1973.

FUJIHARA, M.A.; CAVALCANTI, R.; GUIMARÃES, A.; GARLIPP, R. **O valor das florestas.** São Paulo: Terra das Artes. 347p.

GOLDENBERG, J. **Energia no Brasil.** São Paulo: Aciesp, 1976.

GUERRINI, I. M. **Fontes alternativas de energia**. São Carlos: CDCC-USP. 2001. In: www.cdcc.sc.usp.br. Acesso: 26/3/2008.

INSTITUTO SOCIOAMBIENTAL. **Almanaque Brasil socioambiental 2008.** 2ª. ed. São Paulo: Instituto Socioambiental. 2007. 551p.

JIMÉNEZ, A. N. **Hacia una cultura de la naturaleza.** La Habana: Fundación de la Naturaleza y el hombre, 1998.

LEÃO, R. M. **A Floresta e o Homem**. São Paulo: Edusp, 2000.

LEÃO, R. M. **Álcool energia verde.** Piracicaba: Iqual. 2002.

LEHFELD, L. S. **Código florestal comentado e anotado.** Rio de Janeiro: Forense; São Paulo: Método, 2013.

MACHADO, N. J.; CASADEI, S. R.; RASCALHA, M. **Seis razões para cuidar bem do planeta Terra.** São Paulo: Escrituras, 2008. (Coleção Escritinha)

MITTERMEIER, R. A. **Hotspots revisited.** Earth's Biologically Richest and Most Endangered Terrestrial Ecoregions. Cemex books on nature. 2005. 390p.

O *ESTADO DE S. PAULO*. **Grandes reportagens:** Amazônia. Edição especial. São Paulo. Nov./dez. 2007. 120p.

PAULA LIMA, W. **Hidrologia florestal aplicada ao manejo de bacias hidrográficas.** Piracicaba: Esalq. (Texto básico para a disciplina "Manejo de Bacias Hidrográficas" do Curso de Graduação em Engenharia Florestal da ESALQ/USP). 2ª. ed. 2008.

PREFEITURA MUNICIPAL DE PIRACICABA. **Plano de manejo do Parque Natural Municipal do Distrito de Santa Terezinha.** Piracicaba: Secretaria Municipal de Defesa do Meio Ambiente/Propark Paisagismo e Ambiente Ltda. 2007.

QUEIROZ, L. R. S.; BARRICHELO L. E. G. **O eucalipto: um século no Brasil.** 1ª. ed. São Paulo: Antonio Bellini. 2007.

REVKIN, A. C. **A vida com o efeito estufa.** Revista Diálogo, vol. 22, n. 4, 1989.

RIZZINI, C. T.; COIMBRA, A. F.; HOUAISS, A. **Ecossistemas brasileiros/Brazilian Ecosystems.** Rio de Janeiro: Index. 1998. 200p.

RYLANDS, A. B.; BRANDON, K. **Unidades de conservação brasileiras.** Revista *Megadiversidade*, vol. 1. n. 1. Julho de 2005.

SALGADO NETO, G. **Lepidópteros do Brasil - Agenda de Campo.** 1ª. ed. Belo Horizonte: Rede de Inovação Tecnológica para Defesa Agropecuária, 2010. v. 1. 83p .

SZABÓ JUNIOR, A.M. **Educação ambiental e gestão de resíduos.** 1ª. ed. São Paulo: Rideel. 2008. 120p.

SEGAWA, H. **Ao amor do público: jardins no Brasil.** 1ª. ed. São Paulo: Studio Nobel: Fapesp, 1996.

SICK, H. **Ornitologia Brasileira.** (Segunda edição). Vols. I e II. 1997.

VIDAL, S. **Controlando o aquecimento global: como reduzir em 30% as emissões de gases estufa até 2030.** 2011. 107p. (versão on-line). Disponível em: http://www.cairu.br. Acesso: 1/2/2013.

WILSON, D. E. & REEDER D. M. **Mammal species of the world: a taxonomic and geographic reference.** Washington, Smithsonian Institution Press, 2nd ed. 1993. 1206p.

WWF-BRASIL. **Cadernos de Educação Ambiental Água para Vida, Água para Todos: Livro das Águas.** Andrée de Ridder Vieira (texto). Larissa Costa e Samuel Roiphe Barrêto (coordenação) Brasília: WWF-Brasil, 2006. 72p.

Fontes eletrônicas

www.achetudoeregiao.com.br. Acesso: 22/1/2008.

www.astro.if.ufrgs.br. Acesso: 14/1/2008.

www.brazuka.info. Acesso: 28/1/2008.

www.brcactaceae.org. Acesso: 13/2/2008.

www.br.geocities.com. Acesso: 25/1/2008.

www.cdcc.sc.usp.br. Acesso: 14/1/2008.

www.cdeam.ufam.edu.br. Acesso: 26/3/2008.

www.coladaweb.com. Acesso: 26/3/2008.

www.comciencia.br. Acesso: 28/09/2008.

www.dge.inpe.br. Acesso: 23/1/2008.

www.ecolnews.com.br. Acesso: 24/1/2007.

www.educar.sc.usp.br. Acesso: 13/2/2008.

www.eln.gov.br. Acesso: 12/2/2008.

www.escolavesper.com.br. Acesso: 14/7/2008.

www.ff.up.pt. Acesso: 12/3/2008.

www.g1.globo.com. Acesso: 3/3/2008.

www.greenpeace.org. Acesso: 12/2/2008.

www.ibama.gov.br. Acesso: 27/3/2008.

www.infocefet.hpg.com.br. Acesso: 12/3/2008.

www.mma.gov.br. Acesso: 25/1/2008.

www.obsis.unb.br. Acesso: 11/8/2008.

www.pea.org.br. Acesso: 30/1/2008.

www.pronest.com.br. Acesso: 13/3/2008.

www.rededasaguas.org.br. Acesso: 3/3/2008.

www.sefloral.com.br. Acesso: 13/2/2008.

www.semarh.df.gov.br. Acesso: 12/2/2008.

www.sociedadedosol.org.br. Acesso: 6/2/2008.

www.tvcultura.com.br. Acesso: 25/1/2008.

www.unb.br. Acesso: 3/3/2008.

Créditos das fotos e ilustrações

Acervo *Champion Celulose Ltda.*, hoje *International Paper do Brasil.* Foto: eucalipto (p. 83). Cortesia.

Acervo Lear Center for Special Collections & Archives, Connecticut College. Foto: Rachel Carson (p. 130). Cortesia.

Acervo: John van Wyhe ed., The Complete Work of Charles Darwin Online (http://darwin-online.org.uk). Foto: retrato de Darwin (p. 128).Cortesia.

Acervo: Eletrosul. Foto: casa eficiente (p. 143). Cortesia.

Acervo: Galleria degli Uffizi, em Florença, Itália. Reprodução quadro de Galileu Galilei (p. 22) retratado por Joost Susterman (1597-1681).

Acervo: Instituto Socioambiental (ISA). Foto: escapamento de veículo (p. 108). Autor: Claudio Aparecido Tavares. Cortesia.

Acervo: IPÊ - Instituto de Pesquisas Ecológicas. Foto: mico-leão (p. 89). Autor: Laury Cullen. Cortesia.

Acervo: *National Aeronautics and Space Administration* (Nasa): 15, 16, 18, 26, 71. Cortesia.

Acervo: pensandoverde.blogtv.uol.com.br. Foto: gralha azul (p. 91).

Acervo: *StatoilHydro.* Fotos: região montanhosa em Khorram-Abad, no Oeste do Irã (p. 40); praia no Oceano Pacífico (p. 114); turbina eólica (p. 148). Cortesia.

Acervo: www.cti.furg.br. Foto: deusa Gaia (p. 21).

Acervo: www.plosbiology.org. Journal.pbio. Foto: *Heliconius melpomene* (p. 28) *Repeating Patterns of Mimicry*. Meyer A, PLoS Biology, Vol. 4/10/2006, e341.

Acervo: www.scienceblogs.com.br. Foto: pinguins (p.70).

Guilherme Fontes. Fotos Amazônia (p.79 e 135). Acervo pessoal.

Hannah Uesugi. Foto: aterro sanitário (p. 121). Cortesia.

Heitor Marcon. Foto: cobra cascavel (p. 44). Cortesia.

Ítalo Barbosa. Foto: mandacaru (p. 35). Cortesia.

José Flávio Machado Leão: 31; 32; 33; 36; 43; 47; 49; 51; 54; 60; 63; 66; 68; 73; 80; 81; 84; 85; 97; 99; 100; 102; 117; 118; 123; 127; 132; 136; 145; 147; 156; 160; 169.

Ludmila de Lima (Ilustrações): p. 25; 56; 57; 76; 77; 88.

Marcelo Santos. Fotos: Serra Bodoquena (p. 139); Amazônia (p. 140); Pantanal (p. 162); vitória-régia (p. 167). Cortesia.

Maria M. L. G. Moraes. Ilustrações (adaptação); p. 19; 20; 29; 31; 48; 55; 74; 111; 154.

Paulo Altafin: Capa; 4-5; 106; 151; 153.

Ribamar Sant'Ana. Foto: pampas (p. 31). Cortesia.

Roberto Cabral Borges. Foto: transporte ilegal de aves (p. 95).

Roberto Pini. Fotos: cerrado (p. 31); mata ciliar (p. 86). Cortesia.

Rogério Salviani. Foto: buriti (p. 39). Cortesia.

Silvio Obage Ferreira. Foto: jacaré (p. 90). Cortesia.

Agradecimentos

Ben Panciera
(Lear Center for Special Collections & Archives, Connecticut College)

Claudio Aparecido Tavares
(Instituto Socioambiental)

Eliana Maria Garcia

Geraldo Hasse

Kees Rookmaaker (University of Cambridge)

Liliane Girotto Cabrini

Luciano Obage Ferreira

Hannah Uesugi

Lauri Cullen (Instituto de Pesquisas Ecológicas)

Maria Cristina Moura Rocha de Andrade

Milena Buosi

Roberto Cabral Borges